ネイティブに
マンガでわかる
英会話
フレーズ

デイビッド・セイン

西東社

はじめに

　英語は勉強すればするほど、難しい単語や構文を使いたくなるものです。しかし、日常会話はシンプル・イズ・ベスト。誰もが知っているような英語を使うことが会話名人への近道です。

　ネイティブの会話や映画のセリフを聞いていると、その中にフレーズが巧みに用いられているのに気づくことがあると思います。フレーズを使うことで、ネイティブの会話はコンパクトにわかりやすく、テンポもよくなっています。覚えても楽しく、使い勝手のよいフレーズを使わない手はありません。

　本書のレッスンではまず、「基本となるフレーズ」をマンガとともに学びます。そこでしっかり理解できたら、「類似フレーズ」でさらに用途を広げましょう。最後に、フレーズが実際の会話でどのように使われているのかを確認します。このような流れで、1冊を通して約230個の"生きたフレーズ"を学ぶことができます。

　また、個性あふれる登場人物が織りなすマンガを見ながら、ネイティブらしい、ネイティブならではのフレーズをお楽しみください。

　とにかく、使ってみましょう。会話が生き生きとし、使うあなたにとっても会話がずっと楽しくなることをお約束します。

　Follow your star!（夢を追いかけよう！）

デイビッド・セイン

登場人物紹介

キャサリン
通称ケイト。翔太の同僚のイギリス人女性。翔太と一緒に海外支社に出張。仕事もでき優しい。

翔太
英語を勉強中のサラリーマン。日頃の仕事ぶりを評価され、念願の海外出張で奮闘する。

スミス
翔太の海外出張先での同僚。寡黙だがケンカっ早いところがある。翔太をからかうのが好き。

マイケル
愛称はマイク。翔太の家にホームステイするアメリカ人。英会話塾のバイト講師として活躍中?!

葵
翔太の妹。いつも元気で実は兄思いの大学生。アメリカ留学を目指している。食べることが大好き。

トニー
マイクのバイト先の英会話塾塾長で、いつも穏やか。マイクのいたずらに手を焼いている。

ジョン
葵と同じ大学のイギリス人留学生で、女子に人気。葵に恋しているが、その想いは伝わらない。

海外　山田家　塾　大学

もくじ

本書の使い方 ……………………… 8

ケース別！すぐ使えるフレーズ ……………………… 10

PART 1
まずはコレだけ！基本フレーズ

21～61

シーン1	**Stay out of trouble.** 行ってらっしゃい。	22
シーン2	**Not again!** ええっ?!　また？	26
シーン3	**What's next?** 最悪！	30
シーン4	**What a tragedy!** 何てことでしょう！	34
シーン5	**Leave it to me.** 私に任せてください。	38
シーン6	**You've lost me.** わからなくなった。	42
シーン7	**I get the picture.** なるほど。	46
シーン8	**You've got me.** まいったよ。	50
シーン9	**That'll be a cold day in hell.** ありえない！	54
シーン10	**Keep your shirt on.** 落ち着いて。	58

日常会話で使えることわざフレーズ①　62

PART 2
日常生活で使えるフレーズ〈初級〉　63〜119

シーン1	**I've hit a brick wall.** 行き詰まっています。	64
シーン2	**I'm all ears.** ちゃんと聞いているよ。	68
シーン3	**I couldn't agree more.** 大賛成です。	72
シーン4	**I'm just pulling your leg.** 冗談だよ。	76
シーン5	**You're too much.** 冗談きついよ。	80
シーン6	**That was close.** あと一歩だったね。	84
シーン7	**I've been there.** 経験したことあるよ。	88
シーン8	**Don't go there.** その話はなしにしてね。	92
シーン9	**I have butterflies in my stomach.** ドキドキする。	96
シーン10	**Not my cup of tea.** 私の好みじゃない。	100
シーン11	**What's eating you?** 何を悩んでいるの？／どうしたの？	104
シーン12	**Where were we?** どこまで話したっけ？	108
シーン13	**Where's the fire?** 何をそんなに急いでいるの？	112
シーン14	**Are you happy now?** 気がすんだ？	116
日常会話で使えることわざフレーズ②		120

PART 3
日常生活で使えるフレーズ〈上級〉
121〜173

シーン1	**I have too much on my plate.** するべきことが山ほどあります。	122
シーン2	**It's no sweat.** お茶の子さいさいだよ。／楽勝だよ。	126
シーン3	**My boss twisted my arm.** 上司が無理強いしたんだ。	130
シーン4	**It's no skin off my back.** 痛くもかゆくもないよ。	134
シーン5	**Don't be a wet blanket.** しらけさせるなよ。	138
シーン6	**You hit the nail right on the head.** 図星だね。／そのとおり！	142
シーン7	**I wasn't born yesterday.** そんな世間知らずじゃないよ。	146
シーン8	**My sister is the black sheep of my family.** 妹は家族の厄介者なんだ。	150
シーン9	**Speak of the devil.** 噂をすれば影。	154
シーン10	**Are you up for a movie?** 映画なんかどう？	158
シーン11	**I'm on cloud nine.** 天にも昇る気持ちだ。	162
シーン12	**I have better things to do.** するのはいやだよ。	166
シーン13	**Let's keep in touch.** 連絡を取り合いましょう。	170

日常会話で使えることわざフレーズ③　　　　174

PART 4
ネイティブが使う 気の利いたフレーズ　175〜215

シーン1	**I could eat a horse.** おなかぺこぺこ。	176
シーン2	**What do you know?!** わぁ、すごいですね！	180
シーン3	**I'm at the end of my rope.** もう限界だ。	184
シーン4	**I owe you one.** ありがとう、一つ借りができたね。	188
シーン5	**Are you with me?** わかりますか？	192
シーン6	**Say no more.** わかっているよ。	196
シーン7	**Let it slide.** 忘れちゃいなよ。	200
シーン8	**Show them what you've got.** 頑張って！	204
シーン9	**Thanks for the pat on the back.** 励ましをありがとう。	208
シーン10	**Did you have a ball?** いっぱい楽しんだ？	212

日本語から引ける索引 ……… 216

本書の使い方

本書は、ネイティブがよく使うフレーズを、マンガを読みながら、楽しく覚えていけるように構成しています。

What's next?

○ 最悪！
× 次は何？

巡り合わせが悪い…、運が悪い…、思いどおりにならないことや、予期せ[ぬことが]起きたとき、思わず言いたくなる「最悪！」を表す一言です。

使う場面がわかる！

ビジネス　カジュアル　プライベート

3種類のアイコンによって、フレーズを使う場面が、すぐにわかります。

楽しみながら学べるマンガ

日常生活で使うフレーズをキャラクターたちがマンガの中で活用しているので、楽しく覚えられます。

キーフレーズを理解しよう！

What's next?

最悪！

友人との約束に寝坊をしてしまい、さらに必死で駅にたどり着いたのに、電車がちょうど発車してしまった。次々と災難に見舞われたとき、「次はいったい何が来るっていうの！／もうやめて！」とつい出てしまいそうになる一言、What's next?「最悪！」。「次にこれ以上ひどいことが起こるのだろうか」の意味から最後に「？」がつきます。

このシーンで使う表現を覚えよう！

各シーンで紹介するキーフレーズを使う場面などを解説。類似した表現の「発展フレーズ」も覚えると会話の幅が広がります。

・・・・・・・・・発展フレーズ・・・・・・・・・

What now?

今度は何なの？

ステップアップ 表現を広げよう!

「最悪!」の別の表現を覚えよう

I don't think it could get worse.
勘弁してくれよ。

「これ以上悪くなるとは思えない」→「勘弁してくれよ」ということ。could get worseは「さらに悪化することもありうる」という意味で、I don't thinkがつくことで「これ以上悪くなりようがない」という最上級です。人にではなく出来事などに対して使います。

I can't get a break!
いい加減にしてくれないか。

この場合のbreakはlucky break「幸運」のこと。直訳すれば「私は幸運も手に入れられないのか」ということです。「バカも休み休み言え」など、ほとんどの場合は相手の発言や行動に対して使います。非難というよりも、「もうやめて」というニュアンスです。

フレーズの幅を広げよう!

キーフレーズに関連するさまざまな表現を紹介しています。

感情のニュアンスが分かる!

どんな気持ちで使うフレーズなのかが、表情の違いによってわかります。それぞれ感情の幅を2段階で示しています。

うれしい　困る・つらい　不機嫌　はげまし

驚き　疑問　誇らしげ

会話形式でフレーズをマスター!
左ページで紹介したフレーズの会話例を紹介。どんなときに使えるのかが、実践的にわかります。

こんなシーンで使ってみよう

I just found out that my bicycle was stolen.
僕の自転車が盗まれちゃったんだ。

I have some more bad news. Your sister is in the hospital.
もっと悪いニュースがあるんだ。君の妹が入院したよ。

This is not my day.
ついてないなぁ。

会話のポイント！ なぜか残念な日のため息まじりの「ついてないなぁ」がピッタリきます。This isn't your day. なら「君は、今日はついていないね」ということ。これは共感を込めた口調が似合います。

楽しく学べるワンポイントコラム

キーフレーズに関連するワンポイントコラムを掲載しています。

英語ではこうなる 日本語との違いを面白く紹介

QUIZ おさらいクイズで内容の復習

とっさのワンフレーズ 日常会話で使えるショートフレーズを紹介

英語ではこうなる
たび重なる災難は「土砂降りの雨」?!

When it rains, it pours. 「降れば土砂降り」

災難が次から次へと襲ってくる状況を日本のことわざでは「泣きっ面に蜂」と表現しますね。英語では、次々と襲いくる災難を土砂降りにたとえます。ほかにMisfortunes seldom come alone. 「不運は単独ではやってこない」などがあります。

目的ごとにすぐに使えるフレーズをまとめました。どんな場面で使える表現なのか例を示したので、実際にその場面に遭遇したときに話せるように覚えておくとよいでしょう。

あいさつ

● こちらから声をかけるとき

Hi, there.
こんにちは。

Good to see you.
元気だった？

How are things?
元気でやっていますか？

It's been a long time.
ごぶさたしております。

Keeping busy?
忙しい？／景気はどう？

What's new?
調子どう？

How's it going?
元気か？ ※男性がよく使う

Looks like life's treating you well.
元気そうですね。

What have you been up to?
最近はいかがおすごしですか？

Are you headed to work?
出勤途中？

相手の声かけに返事をするとき

Not much.
相変わらずだよ。／まぁね。

Can't complain.
上々だよ。／不満は言えないね。

I'm doing okay.
まぁ、普通かな。

Not bad.
元気ですよ。

Just getting by.
まぁ、何とかやっています。

Hanging there.
頑張っていますよ。

Never been better.
絶好調です。

Not too bad.
まぁまぁですね。

Same as always.
相変わらずですね。

It's nice to see you.
よろしくお願いします。

It's an honor to finally meet you.
ようやくお会いできて光栄です。

こんなときに！

久々に友人と再会した…

Good to see you.　　　　　Not much.

感謝する

● 助けてもらって、うれしい気持ちを表すとき

It was a big help.
とても助かりました。

● 相手のサポートがとても役立ったとき

Thank you for helping me out.
助けてくださって、ありがとうございました。

こんなときに！

仕事のミスを
フォローしてくれた…

Thank you for helping me out.

謝　る

● 大きな失敗をして心から謝罪するとき

Please accept my apology.
申し訳ありません。

● 思いもかけず相手に不快感を与えてしまったとき

I really didn't mean that.
本当に悪気はなかったんです。

喜 ぶ

● うれしいことがあって、心から喜びたいとき

I'm as pleased as punch.
とてもうれしい。

● 恋が実ったり、自分の研究が認められたとき

I've never been happier.
最高に幸せ。

怒 る

● 騒音や暑さなどに耐えられなくなったとき

It's driving me crazy.
頭にきた。

● 人の言動などに不快感をもったとき

That disgusts me.
ムカつく。

こんなときに!

暑さなどに耐えられない…

It's driving me crazy.

誘　う

🟢 夕飯を誘うとき

Shall we eat out tonight?
今夜、外食しない？

🟢 パーティなど気軽に参加してほしいとき

Everyone's welcome.
皆さん、大歓迎です。

こんなときに!

ホームパーティに招待したい…

Everyone's welcome.

勧める

🟢 面白いDVDなどを人に勧めたいとき

Just trust me and give it a try.
だまされたと思って試してみて。

🟢 お客様に自社製品などを勧めるとき

This is what we recommend.
こちらは弊社のお勧め商品となっております。

命令する

🟢 大切な会議などの前に「遅刻厳禁」と言いたいとき

Don't be late.
時間厳守です。

🟢 3時が最終期限であることを相手に確認させるとき

Finish this report before 3:00 today.
今日の午後3時までにこの報告書をやり終えなさい。

断　る

🟢 誘いにただ断るだけでは失礼なとき

I'm afraid I have another appointment.
残念ですが、ほかに約束がありますので。

🟢 相手からの誘いを丁寧に断るとき

I'm sorry, but I have to decline this time.
申し訳ありませんが、今回は辞退させていただきます。

こんなときに!

食事に誘われた…

I'm afraid I have another appointment.

励ます

● 目標に向かっている人へ

Go for it.
頑張れ！

● 応援する気持ちを伝えたいとき

I'll be with you in spirit.
あなたを応援しています。

こんなときに！

受験勉強を頑張っている人へ…

Go for it.

ほめる

● 頑張っている人を励ましたいとき

Way to go!
やったね。

● 素晴らしい成績や成果を残した人をほめるとき

That's really something!
たいしたもんだ。

叱る

● 相手の言動などをとがめるとき

This is not permissible.
これは許されることではありません。

● 相手の行為がよくなかったとき

You shouldn't have done that.
それはするべきじゃなかった。

非難する

● 相手に原因があるとき

That's on you.
あなたのせいです。

● 相手が約束を守れず失望したとき

Why didn't you keep your word?
なぜ約束を守れなかったんですか？

こんなときに！

約束を守れなかった人に対して…

Why didn't you keep your word?

承諾する

🟢 何か言いつけられたとき

Understood.
わかりました。

🟢 日時などを指定されたとき

That would be fine with me.
それで結構です。

こんなときに!

上司に指示された…

Understood.

依頼する

🟢 何か相手に依頼することがあるとき

Could you do me a little favor?
ちょっとお願いがあるんですが。

🟢 もしよければ彼女に会ってほしいと頼むとき

Could you possibly meet with her?
彼女に会ってはいただけないでしょうか？

催促する

● 以前に依頼した件の状況を確認するとき

Where are we at with the itinerary?
旅程はどうなっていますか？

● パーティの幹事に現況を確かめるとき

How's the party planning coming?
パーティの計画はどうなっていますか？

案内する

● お客様を案内するとき

Please come this way.
こちらへどうぞ。

● 案内が必要でなくても一応申し出るとき

If you'd like, I can show you the way.
よろしければご案内いたします。

こんなときに！

訪問客を案内する…

Please come this way.

ケース別！すぐ使えるフレーズ

祝う

🟢 昇進をお祝いするとき

Congratulations on your promotion.
昇進おめでとう。

🟢 何か立派な結果を出した人へ

Your achievement calls for a celebration.
あなたの業績をお祝いしないとね。

> **こんなときに！**
>
>
>
> 同僚の昇進をお祝いする…
>
> **Congratulations on your promotion.**

注文する

🟢 レストランで注文するとき

I'd like to order now.
注文お願いします。

🟢 メールで注文したいとき

Can I order by e-mail?
Eメールでも注文できますか？

PART 1
まずはコレだけ！基本フレーズ

PART1では、まず覚えておきたい、よく使うフレーズをまとめています。ちょっとしたあいさつや、自分の感情をストレートに伝える表現などを、マンガと一緒に楽しみましょう！

シーン 1

Stay out of trouble.

○ 行ってらっしゃい。
× 問題の外にいて。

どんな場面でも人を送り出す「行ってらっしゃい」は、日常生活に欠かせません。相手は遠くへ？　それともご近所まで？　状況により使い分けたい表現です。

今日から念願の海外出張ね、お兄ちゃん！

頑張って！

うん！

行ってきまーす！

Stay out of trouble!
（行ってらっしゃい！）

わーっ 鳥の糞が落ちてきた！

ぷっ

わーっ 野良犬だー！

助けてー！

すでに先行き不安だな…！

キーフレーズを理解しよう!

Stay out of trouble.

行ってらっしゃい。

外へ出れば、トラブルや交通事故など、さまざまな問題に遭遇する可能性があります。それらを回避して「無事に戻ってきてね」と願う気持ちが含まれます。初めての場所や慣れない環境に入る人に対してかける言葉です。直訳は「トラブルに巻き込まれないでね」ですが、「気をつけてね」というニュアンスでKeep out of trouble.でもOK。

・・・・・・・・・・ 発展フレーズ ・・・・・・・・・・

Be good.

行ってらっしゃい。

直訳すれば「いい子でいてね」。親が学校に出かけていく子どもの背中に向かって自然に口をついて出るフレーズです。ところが面白いことに、この表現は子どもを送り出すときだけに使うものではありません。出勤や外出する大人にも使えます。ただし、目上の人や外部の人に対しては使いません。「行ってきます」はI'm leaving.でOKです。

表現を広げよう!

「行ってらっしゃい」
の別の表現を覚えよう

Take care.

気をつけてね。/元気でね。

本来、Take care when driving.「車を運転するときには気をつけて」のように使います。「行っていらっしゃい」の意味で使う場合は「さようなら/元気でね」のニュアンスもあり、しばらく会えない人に対して使います。しばしばメールの結びにも使います。

Have a nice trip.

よい旅を。

長期休暇を取って外国旅行に出かける人や、1日程度の小旅行に出かける人に対して、ネイティブはHave a nice trip.「よい旅を/楽しんできてね」と声をかけます。ちょっとおしゃれなフランス語のBon Voyage.「道中ご無事で」もよく使われるフレーズです。

Have fun, but not too much fun.

楽しんできてね、でもはしゃぎすぎないでよ。

Have fun.「楽しんできてね」は、これから旅行やパーティなど、ついはしゃぎたくなるような場所に出かける人にかけます。楽しい中にも「度がすぎないように」と釘をさすことを忘れない、ちょっとユーモアのある表現。家族、友人、同僚向けのフレーズです。

シーン **1**

こんなシーンで使ってみよう

Where are you going on vacation?
休暇はどこかに行くの？

I'm going to Paris.
パリに行くんだ。

Have a nice trip.
よい旅を。

 会話のポイント！

「（行ってらっしゃい）気をつけてね」は、道中の無事だけでなく、楽しい旅を祈る一言。飛行機の旅をする人にはHave a nice flight. もいいでしょう。言われた人はお礼のThank you. を忘れずに。

PART 1 基本フレーズ

とっさのワンフレーズ

Be careful.
用心して。

Take care. 「気をつけてね」と言うところをBe careful. にすると「用心して／注意して」というちょっとした警告のニュアンスになります。暗い夜道を帰ろうとするときに言われたら、「何が出てくるの？」とちょっと怖い気持ちになってしまうかも。

Not again!
○ ええっ?! また?
× 二度目じゃないよ。

うれしくないことが立て続けに起こって、「ええっ?! また? 勘弁してよ」と言いたい気持ちを表すときの表現です。

Not again! (ええっ?! また?)
勘弁してくれ！

部長！
どうされました？

一緒に行くはずの社員が
遅刻してるんだ
毎度毎度あいつは…

仕方ないですね

僕たちだけ先に行って
後の便で追いかけて
もらいましょう

それが…

責任のある役を任せて遅刻を
防止させようとして
あいつに全員分の
航空券を持たせてあるんだ…

なんと！

キーフレーズを理解しよう!

Not again!

ええっ?! また?

いらだたしいことに一度ならず二度までも見舞われたときの一言です。時計をにらみながら、タクシーの座席でジリジリ。またしても赤に変わる信号…。Give me a break.「勘弁してよ」の気持ちです。また「失敗は二度するなよ」という「お灸」の意味で使えるフレーズでもありますが、使いすぎるとネガティブな人に思われる可能性があります。

...... 発展フレーズ ......

Don't tell me.

まさか!

Don't tell me.は「私に言わないでください」の意味のほか、「まさか!／嘘でしょ!」としても使えます。後ろに節をつけてDon't tell me he is our new boss.「まさか、彼が私たちの新しい上司なの?」や、Don't tell me we're stuck in traffic.「まさかの渋滞?」など、「まさか~じゃないでしょうね?」という意味を表せます。

PART 1 基本フレーズ

表現を広げよう!

「ええっ?! また?」
の別の表現を覚えよう

📎 This is a joke, right?

これって冗談でしょ?

　信じられないときに言う日本語の「冗談でしょ!」と同じニュアンスです。つまり「嘘だろ?」ということ。You're joking, right? も同じ意味で使えますが、This is a joke, right? のほうがややカジュアルなイメージです。

📎 Seriously?

マジで?

日本語でいう「マジで?」にピッタリのフレーズです。重大な話をする友人に対してや、深刻な場面では決して使わないようにしましょう。軽いフレーズなので、使う場面を誤るとあなたの真意が疑われるおそれがあります。

📎 Are you kidding me?!

冗談でしょ?

「冗談はやめて/からかうなよ」などの意味ですが、共通するのは「まさか!」のニュアンスです。「それ、嘘でしょ!」と笑える場合もありますが、悲惨な事実やニュースを知り思わず出てしまう「ありえない/そんな…」を表すのもこのフレーズです。

シーン **2**

　**こんなシーンで使ってみよう**

 I'm sorry, but we don't have a reservation for you.
申し訳ございません。お客様のご予約はお受けしていません。

 Seriously?
I made a reservation on the Internet.
マジで？　インターネットで予約したんだけど。

 Do you have a reservation number?
予約番号はございますか？

会話のポイント!
ようやくたどり着いたホテルで予約がないなどと言われたら、つい、こんな言葉も出てしまいそうです。思わず出た正直な気持ちかもしれませんが、場面に即して使わないと、あなたの品位が疑われます。

　Bの気持ちはどっち？

A：Can I borrow your car?　B：Not again!
①また？　勘弁してよ。　②二度とするなよ。

Not again!には「勘弁してよ」と「二度と失敗するなよ」の2通りの意味があります。Aからの「車を借りてもいい？」という依頼に、Bはこりごりした気持ちで答えています。

［答え］　①

シーン3

What's next?
○ 最悪！
✗ 次は何？

巡り合わせが悪い…、運が悪い…、思いどおりにならないことや、予期せぬことが起きたとき、思わず言いたくなる「最悪！」を表す一言です。

キーフレーズを理解しよう！

What's next?

最悪！

友人との約束に寝坊をしてしまい、さらに必死で駅にたどり着いたのに、電車がちょうど発車してしまった。次々と災難に見舞われたとき、「次はいったい何が来るっていうの！／もうやめて！」とつい出てしまいそうになる一言、What's next?「最悪！」。「次にこれ以上ひどいことが起こるのだろうか」の意味から最後に「？」がつきます。

・・・・・・・・・・・・・・・・ 発展フレーズ ・・・・・・・・・・・・・・・・

What now?

今度は何なの？

尻拭いしてあげたばかりの相手がまた悪いニュースをもってきた。そんなときはWhat kind of bad news do you have now?「今度はどんな悪いニュースをもってきたの？」と言いたくなります。そんなときにWhat now?「今度はいったい何なの？」と言えば、あなたのうんざりした気持ちが相手に伝わります。

表現を広げよう!

「最悪!」
の別の表現を覚えよう

🏷 I don't think it could get worse.

勘弁してくれよ。

「これ以上悪くなるとは思えない」➡「勘弁してくれよ」ということ。could get worseは「さらに悪化することもありうる」という意味で、I don't thinkがつくことで「これ以上悪くなりようがない」という最上級です。人にではなく出来事などに対して使います。

🏷 I can't get a break!

いい加減にしてくれないか。

この場合のbreakはlucky break「幸運」のこと。直訳すれば「私は幸運も手に入れられないのか」ということです。「バカも休み休み言え」など、ほとんどの場合は相手の発言や行動に対して使います。非難というよりも、「もうやめて」というニュアンスです。

🏷 This is not my day.

ついてないなぁ。

This is not my lucky day.「今日は私のラッキーデーではない」➡「ついていない」となります。口語であれば、This isn't 〜と言いたいところですが、この場合はThis is not 〜というのが定番。「今日は最悪」というほどの強さはなく「仕方ないなぁ」という程度です。

シーン3

こんなシーンで使ってみよう

 I just found out that my bicycle was stolen.
僕の自転車が盗まれちゃったんだ。

 **I have some more bad news.
Your sister is in the hospital.**
もっと悪いニュースがあるんだ。君の妹が入院したよ。

 This is not my day.
ついてないなぁ。

 なぜか残念な日のため息まじりの「ついてないなぁ」がピッタリきます。This isn't your day. なら「君は、今日はついていないね」ということ。これは共感を込めた口調が似合います。

英語ではこうなる

たび重なる災難は「土砂降りの雨」?!

When it rains, it pours.「降れば土砂降り」

災難が次から次へと襲ってくる状況を日本のことわざでは「泣きっ面に蜂」と表現しますね。英語では、次々と襲いくる災難を土砂降りにたとえます。ほかに Misfortunes seldom come alone.「不運は単独ではやってこない」などがあります。

シーン 4

What a tragedy!
○ 何てことでしょう！
△ 何たる悲劇！

日常生活で降りかかるちょっとした「悲劇」を目にしてしまったとき、ネイティブが思わず口にするフレーズがコレです。

部屋におやつ運んどいたわよ

うん！

翔太がいなくなって少し元気なかったからおやつ奮発しちゃったわ

きっと部屋から歓声が…

What a tragedy!
（なんてこった！）

なんてこった?!

猫がおやつを！

なんてこった！

キーフレーズを理解しよう!

What a tragedy!

何てことでしょう!

tragedy「悲劇」の種は尽きません。『ロミオとジュリエット』などに見られるような、真の悲劇に対してWhat a tragedy! を使うのはアリです。ただ、人生の悲劇ほどではないけれど、人ごみでドリンクをぶちまけられた、などのちょっとした悲劇は日常でも起きるもの。それを目撃した人から思わずもれる一言です。ちょっと上品な表現です。

・・・・・・・・・・ 発展フレーズ ・・・・・・・・・・

That sucks.

最悪。

若者の会話によく出てくるフレーズで、この場合のsuckは「むかつく／不快だ」の意味。That sucks. は何かに対して拒否反応を示す表現です。絶対にダメというわけではないですが、ビジネスシーンや目上の人に使うのは避けましょう。That movie sucks.「あの映画は最悪!」のように、主語を変えて使うこともできます。

 表現を広げよう!

「何てことでしょう!」の別の表現を覚えよう

I hate it when that happens.

そういうのっていやだよね。

「今日ね、〜があってね」のように、友人から歓迎できない体験を聞かされたときなどにピッタリくるのがこのフレーズ。直訳すれば「それが(私に)起きるときは嫌いだ/そんなことはいやだ」 ➡ 「そういうのっていやだよね」となり、相手に共感を示す一言です。

I can't imagine it.

想像がつかない。

文字どおり、「想像ができない/ピンとこない」ということ。特に驚いた場面で使えます。相手の話を受けての一言になりますが、必ずしもネガティブな場面ばかりではなく「ゲームのない世界をどう思う?」のような問いに対する答えとしてもOKです。

That's a stroke of bad luck.

とんだ災難だったね。

a strokeは「一撃/とっさの出来事」の意味。What bad luck. と同義語で「とんだ災難だったね/ついてないね」のニュアンスで、突然の不運や出来事に遭遇したときに限ったフレーズになります。反対にThat's a stroke of (good) luck. であれば、「何てラッキーなんだろう」の意味になります。

シーン4

こん␣なシーンで使ってみよう

I spilled coffee on my new notebook.
新しいノートにコーヒー、こぼしちゃったの。

I hate it when that happens.
そういうのっていやだよね。

I guess I'll have to buy a new one.
新しいノートを買わなきゃならないみたい。

会話の
ポイント！　他人から見れば「なんだ、そんなこと」というようなことで、気持ちが落ち込むこともあります。そんなときは「そういうのっていやだよね」の共感の一言で相手の気持ちを晴らしてあげましょう。

QUIZ

What is the great tragedy here? の意味は？

①それは大変なことだったね。
②たいしたことじゃないね。

「大悲劇」も裏を返せば「たいしたことない」の意味。あなたが落ち込んでいるときに、こう声をかけてきた友人は、残念ながらあなたの悲しみやつらさを理解していないかもしれません。

［答え］ ②

PART 1 基本フレーズ

シーン 5

Leave it to me.
○ 私に任せてください。
× それを私に置いていって。

「これ、どうしよう」「誰が判断すればいい？」、そこが決まらないと話は進みません。行き詰まりを打破する力強い一言です。

もっと生徒に親しみをもってもらうためにキャラクターを作ろうと思うんだ

Leave it to me!
（それなら僕におまかせ！）

かきかき
どうだ！

じゃ講師のみんな案をだしてくれるか？

はーい

気持ちいいほどのスルーっぷり！

キーフレーズを理解しよう！

Leave it to me.

私に任せてください。

　leaveは「去る／置いていく」のほかに「任せる／委ねる」の意味があります。Leave it to me.は「私に任せてください」という決まり文句。「ハイ！」と手を挙げて「お安いご用です、任せてください」と言いたいときに、オススメの一言です。命令文になっていますが、命令のニュアンスはありません。さまざまな場面で使えるフレーズです。

PART 1 基本フレーズ

・・・・・・・・・・・・・・・・　発展フレーズ　・・・・・・・・・・・・・・・・

This is my baby.

これは私の責任です。

　直訳は「これは私の赤ちゃんです」。そこから派生して「だから私が自分でオムツを換えます」➡「これは私の責任です」という意味になります。日本人には聞き慣れない表現ですが、ビジネスの現場でも普通に使えるフレーズです。逆に「これはあなたの責任です。だからあなたに任せます」と言いたいならThis is your baby.となります。

表現を広げよう!

「私に任せてください」
の別の表現を覚えよう

🏷 I'll handle it.
私がやってあげるよ。

「私に任せてよ」というニュアンスで、handleは「取り扱う」という意味です。同僚が困っていたり、皆に問題が起きている場合などに、「その件は、私がどうにかしてあげるよ」という気持ちを込めて使います。同じようにI'll take care of it.と言うこともできます。

🏷 You can count on me.
私に任せて大丈夫だよ。

友人や同僚が困った顔で何かあなたに相談したそうなときには、きちんと話を聞いてあげたいですね。頼みごとを快諾するときにピッタリのフレーズです。あなたにできることなら、「私に任せて大丈夫だよ」と言ってあげれば、相手は安心するはずです。

🏷 I got this!
楽勝!

「任せて!」の中にも、「何とかやってみるよ」という意味の場合と、「楽勝!」という意味の場合があります。このフレーズは後者で、カジュアルなニュアンスなので、場合によっては安請け合いと取られる可能性もあります。場面を選んで上手に使いましょう。

シーン **5**

こんなシーンで使ってみよう

Can someone move these boxes for me?
誰かこの箱を動かしてくれる?

I have some free time. I'll handle it.
時間があるから、僕がやってあげるよ。

Thanks. That's a big help.
ありがとう、助かるわ。

会話のポイント! 頼まれごとをされたら、なるべく引き受けたいもの。そんなときについOkay.の一言だけですませそうになりますが、「その件は自分がやる」と言ってあげたほうが相手もホッとするはずです。

QUIZ ( )に入るのは?

It's (　　　) to you.
あなた次第。

相手に任せたいときはI'll leave it to you.でもOKですが、It's up to you.も使えます。映画に誘われ、「どっちでもいいなぁ、あなた次第」と返事をするのにピッタリな表現です。

[答え] **up**

PART **1** 基本フレーズ

シーン6

You've lost me.

- ⭕ わからなくなった。
- ❌ あなたは私を失った。

相手の話の内容がわからなくなってしまうことがあります。中断させたくないけど、きちんと伝えなくてはならない場合に使える率直なフレーズです。

ジョンが好きな葵って子どんな子なんだ？

葵のことなら任せてくれ！簡単に紹介しよう

昨日毛先を5ミリほど切りそろえた赤茶色の長い髪…
今朝は牛革ボタンのキュートなアウターコットンとキュプラの花柄スカートが可憐で素敵だった…

おまけに香水は…

にげ

You've lost me.
（ついていけないよ）

キーフレーズを理解しよう!

You've lost me.

わからなくなった。

あなた(相手)の説明がわからなくなったのは私なのに、なぜYou've lost me.「あなたが私を失った」ことになるの?と不思議に思うフレーズです。このフレーズには「あなたがどんどん前へ進んでしまうから」という含みがあります。困ったり、当惑したりする気持ちはあっても、特に自分が悪いというイメージはありません。

・・・・・・・・・・・・ 発展フレーズ ・・・・・・・・・・・・

I'm a bit confused.

わけがわからなくなってきたよ。

相手の話を一生懸命聞いているのに、だんだんついていけなくなってきた。相手が原因で混乱したことを暗に示すYou've lost me.と違って、I'm a bit confused.はあくまで混乱しているのは自分のせいであり、相手のせいにするニュアンスは含まれません。主語の選び方がポイント。I「私」を使うことであたりさわりのない印象になります。

PART 1 基本フレーズ

表現を広げよう！

「わからなくなった」の別の表現を覚えよう

🛍 Could you slow down a little?

もう少しゆっくり話してくれる？

話についていけなくなる原因はいくつかあります。この場合は相手の話す速度に問題があることを示唆しています。「ちょっとゆっくり話してくれる？」と言って、あなたが話についていけなくなっていることをやんわりと相手に伝えましょう。

🛍 That's over my head.

ちょっとわからなくなってきちゃった。

headは「頭脳／知力」を表す言葉です。「私の知的レベルを超えている」➡「私は理解できません」の意味。youを主語にしないところに、「あなたの責任ではありません。原因は私です」という含みがあり、相手に対して負担を与えないフレーズになります。

🛍 I'm in the dark.

全然わからないよ。

暗闇にいる状態を想像すれば、前に進むことの困難さがわかります。つまり「わからない」、それも「全然わからない」ということです。これも自分側の責任であるというニュアンスになります。またdarkのあとにabout〜をつければ、「〜については何も知らない」の意味。

シーン **6**

こんなシーンで使ってみよう

Did you understand Sam's explanation?
サムの説明、わかった?

No, it was really hard.
ううん、本当に難しかったわ。

Yeah, it was over my head.
ああ、僕もわからなかったよ。

会話のポイント! サムの説明がまるで頭の上を越えていき、言っていることが定着しないで途方に暮れているかのようなイメージが伝わってくる一言です。自分が理解できないことに対して、残念な気持ちがあります。

とっさのワンフレーズ

Should I go back to the start?
それなら(話の最初に)戻ろうか?

話の途中でYou've lost me.「わからなくなった」と言われました。理解が十分ではないようなら、Should I go back to the start?と言って、いったんスタートに戻るほうが親切でしょう。

PART **1** 基本フレーズ

I get the picture.

○ なるほど。
✗ 私は写真を手に入れる。

相手の説明や話をじっくり聞いたあとで、相手から「どうですか？」と問われた際に「なるほど」と心から納得できたときに使える返事です。

~~~~
I get the picture.

写真が
どうかしました？

I get the picture. っていうのは
「なるほど」って意味なのよ

へえ！
I get the picture!
（なるほど！）

ところで、
日本から犬の写真を
持ってきたんですけど

犬好きでしたよね

や、ややこしいわね…

キーフレーズを理解しよう!

I get the picture.

なるほど。

　相手の話を聞きながら自分の理解を表す「納得」のフレーズです。ここでのpictureは「全体像」の意味。相手の話を聞くことで、最初はわからなかったことが、頭の中に各パーツを描きながら、最後に1枚の絵となって完成したというイメージです。相手の話からヒントを拾ってひらめいたときのような「瞬間的な理解」とはニュアンスが異なります。

・・・・・・・・・・・・・・ 発展フレーズ ・・・・・・・・・・・・・・

It's starting to make sense.

だんだんわかってきた。

　ここでのitは「(相手の) 説明」や「話」などを指します。make senseは「筋が通る／つじつまが合う」という意味です。be動詞＋〜ingの進行形を使うことで、「あなたの説明はだんだん道筋が見えつつある／つじつまが合いつつある」となり、「自分の頭の中で断片だった理解が1つにまとまる」➡「なるほど」ということになります。

PART 1 基本フレーズ

ステップアップ 表現を広げよう!

「なるほど」
の別の表現を覚えよう

🛍 I get your point.
言っている意味はわかるけど…。

pointは「主張/論点」の意味で、get one's pointで「相手の言っていることを理解している」ことを示しますが、同意する意思があるかどうかは微妙です。このフレーズはI get your point, but 〜「わかることはわかるけど、でも〜」というニュアンスがあることを覚えておきましょう。

🛍 I see what you mean.
なるほど、わかったよ。

相手の話を聞いて、I see.は相づちの基本です。この場合のseeは「納得する」という意味で「あなたの意味することに納得する」➡「なるほど、そういうことか」というニュアンスです。ただし、相づちを連発すると真剣に聞いていないと思われる可能性があります。

●納得の度合い

弱	☑ It doesn't make sense. 納得がいかない。
	☑ I get your point. 言っている意味はわかるけど…。
↓	☑ I see what you mean. なるほど、わかったよ。
強	☑ That makes sense. もっともだね。

シーン7

こんなシーンで使ってみよう

We can leave at 3:30, can't we?
3時半に出発しようと思うけど、どうかな？

No, it takes two hours to get to the airport, so we need to leave at 2:30.
いや、空港まで2時間かかるから、2時半には出発しなくちゃ。

Oh, I see what you mean.
そうか、なるほど、わかったよ。

> **会話のポイント!** 相手の言うことを理解したフレーズ。I see, I see. 「うんうん」という簡単な相づちとは違い、相手の説明に納得した場合は、落ち着いて、相手の目を見ながら、納得の意思を示しましょう。

英語ではこうなる

小鳥のおもちゃで写真を撮る？

Watch the birdie.「さあ、こちらを見て」

写真を撮るときはSay cheese!「ハイチーズ！」が定番ですが、昔、写真屋が小鳥のおもちゃを持って子どもの気を引いて写真を撮っていたところから、Watch the birdie.「さあ、こちらを見て」のような表現も使われます。

PART 1 基本フレーズ

シーン8

You've got me.

○ まいったよ。
× あなたは私を捉えた。

「おっ、これは負けたかも」と思う瞬間があります。ゲーム、議論、はたまた面白いジョークを言われてしまった、など。そんなときにつぶやきたくなる表現です。

そんだけの荷物で音を上げて！根性ないわね

優勝商品は忍者の里ツアー招待券！

さあ挑戦者は集まってください!!

さすがに誰もあの人たち相手にできないでしょ…

You've got me.
(まいりました)

優勝はマイク選手です！

変なとこで根性あるわね…

キーフレーズを理解しよう！

You've got me.

まいったよ。

You've got me.は「相手の発言や勝ちを認める」➡「自分の負けを認める」フレーズです。「君の言うとおり／一本取られたなぁ／痛いところをついてきたね」などの意味があります。また、返事に困ったときの「わからない／知らない」という意味もあります。どちらの意味で使っているかは、そのときの状況や口調・表情で読み取りましょう。

発展フレーズ

I didn't see that coming.

そうくるとは思わなかったよ。

不意にボールが飛んできて、まさかボールがそっちから飛んでくるとは思わなかった。「びっくりした」と予想外の出来事 (something unexpected) に遭遇したときの一言。予想していなかったプレゼントをもらった、ひどい言葉を言われたなど、いいこと悪いこと、両方に使えます。「そうきたか／そうくるとは思わなかった」のニュアンスです。

ステップアップ 表現を広げよう!

「まいったよ」
の別の表現を覚えよう

🔖 You win.

まいったよ。

ゲームでよく出てくるYou win.「君の勝ち」と、You lose.「君の負け」。ゲームばかりではなく、殴り合いや議論といった、勝負がかかっている際に使える表現。勝負がついていなくてもYou win. It's over.と言って、戦いをすんなりやめることができます。

🔖 I didn't think about that.

考えてもみなかったよ（まいったね）。

自分がまったく思いつかなかったアイデアや、自分とまったく違う視点の話を聞いて「そんなこと思いもつかなかった／考えてもみなかった」と思ったときの一言です。そこには「まいったなぁ」という気持ちがあり、相手を認めざるをえないというニュアンスです。

🔖 What do I do now?

どうしようかなぁ。

「まいりました！」というほどのことではないけれど、「もうこれは仕方がないかもしれない／私の負けかもしれないから、あきらめるしかないかな」といったニュアンスのフレーズです。「この舞台からは降りるよ」という撤退を表す表現で、さまざまな場面で使えます。

シーン**8**

こんなシーンで使ってみよう

What?! Why are you still here?
どうしたの？　何で、まだここにいるの？

I overslept. What do I do now?
寝坊したのよ。どうしようかなぁ。

You'll just have to call a taxi.
タクシーを呼ぶしかないよ。

会話のポイント！　寝坊したという事実からはすでに時間が経過しています。そのショックから立ち直り、「まあ、こうなっちゃったんだから仕方ない」というあきらめの気持ちを示すなら、このフレーズがピッタリです。

PART 1 基本フレーズ

とっさのワンフレーズ

I've got you.
わーい、驚いた？（驚いたでしょ？）

You've got me.「まいりました」の主語と目的語を入れ替えたI've got you.では「わーい、驚いた？（驚いたでしょ？）」となり、誰かをだますときに使います。「えっ？」と、真顔になった相手にI've got you.「わーい、ひっかかった！」。

シーン 9

That'll be a cold day in hell.
○ ありえない！
× 地獄では寒い日になるだろう。

予期せぬ依頼が舞い込んだとき、思わず口に出るのが「ありえない！」。そんな驚きと拒否の気持ちをより正確に伝えるフレーズです。

That'll be a cold day in hell.
（ありえない！ 死んでも行かないわ!!）

おいおいケンカか？ もう少し言い方があるだろう

だって！ 翔太さんたらスプラッタ映画に誘ったんですよ！

私こわがりなのに！

そんな映画だったなんて知らなかったんです！

あの看板見たらラブストーリーだと思うでしょ!!

やれやれ痴話ゲンカか…

全く…

キーフレーズを理解しよう!

That'll be a cold day in hell.

ありえない!

「灼熱地獄」という言葉があるように、地獄が業火に包まれているのなら身も凍るような寒い日はないはず。このようなことから、a cold day in hell「地獄の寒い日」は、無理の度合いも高く、実現性がほとんどないことを表します。何らかの依頼や誘いを強く断りたいときに、「冗談じゃない／絶対いやだ」という怒りを含んだニュアンスで使えます。

―――――― 発展フレーズ ――――――

In your dreams.

無理だからあきらめなよ。

現実性のない話を嬉々としてする人に「それは無理だよ」と伝えたいときにImpossible!と言っては身も蓋もありません。ちょっとしたユーモアを交えた表現がIn your dreams.です。「あなたの夢の中でね」➡「現実には決して起きないよ／無理だからあきらめなよ」の意味。Only in your dreams.と言えば、非現実さの度合いがさらに増します。

PART 1 基本フレーズ

表現を広げよう!

「ありえない！」の別の表現を覚えよう

That's impossible!

ありえないよ。／そんなの無理だね。

難題を押しつけられて、「そんなの無理だね（対応不可能）」と言いたい場合の一言です。驚きの光景を目にして「ありえない」という意味でも使えます。Nothing is impossible. なら「不可能なことなど何もない」という希望にあふれたフレーズになります。

Not happening!

無理！／ウソだろ？／まさか！

Not happening! は「あれ、やっておいてくれた？」と聞かれて、I'm so busy, so it's not happening! 「忙しいんだから、そんなことは起きないよ」 ➡ 「無理！」というイメージです。「ウソだろ？／まさか！」という意味でも使えます。

Forget it!

絶対いやだよ！

Forget it! は、相手の依頼に対して「絶対いやだ」という拒否を表す場合、相手から感謝され「どういたしまして。気にしないで」と言う場合、無茶な計画を打ち明けられて、「やめなさい（無理です）」と言う場合など、いずれでも使えます。

シーン9

こんなシーンで使ってみよう

Look! I got this backpack for 20 dollars.
見て！ このリュック、20ドルで買ったのよ。

That's impossible!
I paid 150 dollars for the same one.
ありえないよ！ 同じものに150ドル払っちゃったよ。

Seriously?
マジ？

会話のポイント！ I can't believe that.「信じられない」よりも、That's impossible!「そんなのはありえない／あってはいけない」のほうが、主観を排除した強い否定を伝えられるフレーズです。

QUIZ 確率が高い順に並べ替えよう！

① maybe ② perhaps ③ possibly ④ probably

上司にAre we going to get a raise?「昇給しますか？」と聞いて、答えがProbably.なら「ほぼ確定」。Perhaps.なら確率は20〜30%。Maybe.はその中間でかなり微妙。さらにPossibly.になると20%以下。

[答え] ④→①→②→③

シーン 10

Keep your shirt on.

○ 落ち着いて。
✗ シャツは着たままで。

忙しい現代社会では、あちこちでイライラしたり、焦ったりする人がいますね。そんなときに「さあ、落ち着いて」と場を鎮める一言を覚えておきましょう。

部長 どうしたんですか？

君のパートナーになるスミス君を紹介しようと思ったんだけどケンカが始まっちゃって

こら2人とも！
Keep your shirt on!
（落ち着きなさい）

Keep your shirt on…?
シャツを着たままでいろ…？

もしかしてこの人怒ると脱ぎだすのか?!

よし僕がおさえます!!

なんだお前

何か勘違いしてるけど結果オーライだ山田くん！

キーフレーズを理解しよう！

Keep your shirt on.

落ち着いて。

　西部劇でいざ殴り合うとき、両者が儀式のように服を脱ぎ捨てるシーンをよく見ます。これは当時高価だった服が破れたり引きちぎられたりするのを避けるためだったと言われており、服を脱いだら、「やるぞ！」の合図となります。Keep your shirt on.は相手のはやる気持ちを押しとどめる意味があり、焦っている人に対して使えるフレーズです。

PART 1 基本フレーズ

・・・・・・・・・・・・ 発展フレーズ ・・・・・・・・・・・・

Don't lose your cool.

落ち着いて、冷静にね。

　coolは名詞で「落ち着き／冷静さ」という意味。lose one's coolで「冷静さを失う／取り乱す」となり、Don't lose your cool.は「落ち着いて、冷静に／大騒ぎしないで」。Keep cool.も同じ意味です。He lost his cool.なら「彼は激怒した」となります。くだけた言い方なので、目上の人やビジネスの場にはふさわしくありません。

ステップアップ 表現を広げよう！

「落ち着いて」
の別の表現を覚えよう

🔖 Calm down and count to ten.
ゆっくり10数えてごらんなさい。

「落ち着いて10まで数えてごらんなさい（そのうちに怒りも収まるでしょう）」。怒る前に一呼吸おいて数を数えるのは、どこの文化でも同じ。母親が子どもに向かってよく使う決まり文句です。当然、目上の人に向かって使うのは避けたいフレーズです。

🔖 Don't have a fit.
そんなに怒らないでよ。

fitは医学用語では「発作」の意味で、それが「感情の爆発」に結びついて、「怒らないで」となります。キレかけた相手に対し「まあ、抑えて、抑えて」というニュアンスです。上から目線の一言なので、使う場面は考えましょう。

🔖 Don't go postal.
怒り狂わないで。

ここ10年くらいで登場したスラングです。アメリカで、郵便局にいきなり銃を発砲して多くの死傷者を出す襲撃事件が発生して以来、go postal「郵便局の状態になる」➡「凶暴になる」の意味で使われるようになりました。

シーン10

こんなシーンで使ってみよう

I need to go to the bank.
銀行に行かないと。

Are you really going to leave me alone here?!
本当に私をここに置いていく気？

Don't have a fit. I'll be back in five minutes.
そんなに怒るなよ。5分で戻るから。

> **会話のポイント！**
> ささいなことで腹を立てられたら、こちらはなだめるしかありません。Don't have a fit.「まあまあ、そんなに怒らないで」とも言えますが、相手をさらに怒らせるおそれもあるので、要注意です。

英語ではこうなる

シャツをくれる人はいい人？

He would give you the shirt off his back.「彼はとてもいい人」

シャツ1枚しか身にまとわず、それが最後の持ち物であっても手渡してくれる。そんな彼は、He would give you the shirt off his back.「彼は（最後の）シャツまで脱いであなたにくれるだろう」➡「とてもいい人」に違いありません。

PART 1 基本フレーズ

日常会話で使える
ことわざフレーズ①

ことわざの多くは、普段の生活とは切っても切り離せません。ほとんどの場合、社会の真理や人間の心理は国による隔たりがないと言えます。励ましの言葉も同じです。

シーン1

I'm anxious about tomorrow's presentation.
明日のプレゼンが心配だなぁ。

No pain, no gain.
「虎穴に入らずんば、虎児を得ず」だよ。

「何かを得ようとするのであれば、それなりに冒険しなければならない／苦しみ（pain）なしに、得る物（gain）なし」という意味。聖書のAsk, and it shall be given you.「求めよ、さらば与えられん」も同じ。「自分から動きなさい」ということです。

シーン2

Do you think I should continue to try?
このまま続けるべきだと思う？

Where there's a will, there's a way.
「意志あるところに、必ず道はある」よ。

漢文の名言「精神一到、何事か成らざらん」のことで、「精神を集中して事を行えばできないことはない」という力強い一言。使える場面はさまざまで、意気軒昂(いきけんこう)な人にはさらなる頑張りを、弱気になっている人には「頑張れ」の気持ちを込めて使います。

PART 2
日常生活で使えるフレーズ〈初級〉

PART2では、ビジネスやカジュアルなシーンでよく使うフレーズが出ています。いずれも見覚えのある単語を組み合わせたフレーズなので、すぐにマスターできるはず！

シーン 1

I've hit a brick wall.
○ 行き詰まっています。
✕ レンガの壁にぶち当たりました。

日常生活でもビジネスシーンでも難題がなかなか打開できない状態があります。そんなとき、弱々しくもなく感情的でもなく、現況を冷静に伝えるフレーズです。

なかなか葵に想いを気づいてもらえないなぁ

どうしたの？

ああちょっとね
I've hit a brick wall...
（行き詰まっちゃって…）

やだ！
壁に頭でもぶつけたの？
ドジねえ　ほら
ベンチで休みなさい

I've〜は行き詰まるって意味だったんだけど…

何か言った？

ううんなんでもない…

64

キーフレーズを理解しよう！

I've hit a brick wall.

行き詰まっています。

　困難な状況に陥り現状が打破できないことを、日本語でも「壁にぶつかる」と言います。硬く容易に倒れそうもない a brick wall「レンガの壁」に hit「ぶつかる」して前進はきわめて困難 ➡「行き詰まった」状態を表しています。また、現在完了形 I've（＝I have）を使うことで、過去にこの状態に陥ったまま、今も継続していることを表しています。

・・・・・・・・・・・・・・・　発展フレーズ　・・・・・・・・・・・・・・・

I'm between a rock and a hard place.

にっちもさっちもいかない。

　たとえば、プロジェクトの進行状態を聞かれて、「にっちもさっちもいかない」状況のときにピッタリのフレーズ。「壁にぶち当たる」というような動作を表すのではなく、「岩（rock）と硬いところ（hard place）に挟まれている」という状態そのものを表しています。すなわち前進も後退もできない、身動きすらできない困難にあるということです。

表現を広げよう!

「行き詰まっています」
の別の表現を覚えよう

🎒 I'm bogged down.

動きがとれないんだ。

bogは名詞で「(泥)沼地」、動詞は「沼地にはまる」の意味。bog downは沼地にはまり込み、ずぶずぶと体が底へと沈んでいくことです。最後には、当然身動きできなくなり、にっちもさっちもいかない状態になります。日常会話でもビジネスシーンでも使える表現です。

🎒 The talks came to a standstill.

会談は行き詰まった。

「会談が停止／休止にまできた」は、すなわち「行き詰まった」ことを表します。主語になるのは「人」ではなくthe talksやprojectなど。これ以上先に進めないのは「足踏み状態」のことで、「交通機関が停止した／経済が停滞した」などの場面で使えます。

🎒 I'm at a dead end.

行き詰まっています。

dead endは「袋小路」のことで、もうこれ以上先へは進めない状態を表しています。つまり、「もう自分としてはどうしていいかわからない」という状況です。dead-endにすれば「未来のない／行き詰まった」という形容詞になります。

シーン 1

こんなシーンで使ってみよう

What's wrong? You look really sad.
どうしたの？ 悲しそうだけど。

I have a big problem at work. I'm bogged down.
職場で問題があったのよ。動きがとれないの。

Oh, no. Tell me what's happening.
おお、何てことだ。何があったのか教えてよ。

> **会話のポイント！**
> 憂鬱そうな相手には、「なぜそんなに悲しそうな顔をしているの？」だけでなく、原因をたずねてみるのもよいでしょう。何よりもあなたが関心を寄せていることを知らせることが重要です。

英語ではこうなる

じゃがいもが難題？

It's a hot potato.「厄介な問題／難題」

アツアツのじゃがいもを投げられ、受け取った人はあまりの熱さに手の上に乗せていられません。"アチチ"と誰かに手渡そうとしても誰も受け取ってくれないでしょう。そこから派生して、「厄介な問題／難題」となりました。

シーン 2

I'm all ears.

○ ちゃんと聞いているよ。
✗ 私はすべて耳だよ。

相手の話をきちんと聞いているのに、「ちゃんと聞いているの？」と聞かれることがあります。相手のそんな不安を取り除くフレーズを知っておけば安心です。

僕とあんまり会話してくれないスミス君…

話題作りの情報収集したし今日こそ仲良くなるぞ！

昨日面白いテレビを見たんだ！

テレビ興味ない…

・・・・・・

あ！ スポーツは？
この前バスケの試合見にいって

バスケよく知らなくて

じゃあ動物園で…

俺、動物アレルギーなんだ

僕の話そんなにつまんないのかな…

冗談だって
I'm all ears.
（ちゃんと聞くから）

からかうと面白いなこの人

キーフレーズを理解しよう!

I'm all ears.

ちゃんと聞いているよ。

「全身が耳である」→「ちゃんと聞いている」となります。「聞いている?」と聞かれたときにはピッタリ。また、「面白い話があるけど、聞きたい?」と聞かれて、I'm all ears. と言えば、「ちゃんと聞くから話してよ」と相手に自分の興味が伝わります。カジュアルな場面で使うフレーズなので、深刻な話には向きません。

PART 2 日常フレーズ〈初級〉

・・・・・・・・・・・・・・ 発展フレーズ ・・・・・・・・・・・・・・

I hear you loud and clear.

ちゃんと聞いているよ。

I hear you loud and clear. は、本来パイロットが無線を通じて交信するときの決まり文句で、「ノイズもなくクリアに聞こえますよ」と相手に伝えるときの一言です。元は音声の質・明瞭さを確認するためのフレーズでしたが、今では「ちゃんと聞いているよ」、または状況を説明されて「状況はわかっているよ」という意味でよく使われます。

表現を広げよう!

「ちゃんと聞いているよ」
の別の表現を覚えよう

🏷 I'm wide awake.

しっかり起きているから話を続けて。

人は一生懸命話をすればするほど、聞き手の反応が気にかかるものです。「聞いている？」と聞かれたら、I'm wide awake.「目を大きく開けて起きている」 ➡ 「きちんと聞いている」と答えましょう。

🏷 I'm listening.

ちゃんと聞いているよ。

Are you listening to me?「本当に聞いているの？」に対して、Yes, I'm listening.「ちゃんと聞いているよ（だから言いたいことがあるなら話して）」は自然な答えです。その場合にI'm listening.にto youをつけると少しイライラした感じが出てしまう可能性があります。

🏷 I'm hanging on to your every word.

一言も聞きもらさないつもりだよ。

hang on to～「～につかまる／かじりつく」は木や屋根のような「物」だけではなく、考えや主義のような「無生物」にも使える便利なフレーズです。「あなたの一言一言にかじりつく」 ➡ 「一言ももらさないように耳を傾ける」ということです。

シーン 2

こんなシーンで使ってみよう

Huh? What did you say?
何？ 何て言ったの？

Were you asleep?
寝ていたの？

No, I'm wide awake.
ううん、しっかり起きているから話を続けて。

会話のポイント！ 居眠りしてはまずいと思っても、睡魔に襲われることはあるものです。目を閉じた自覚があっても、相手の気持ちを害するより、「目を開けていた」→「聞いていた」とアピールするほうがよい場合もあります。

とっさのワンフレーズ

He's all talk.
彼は口ばっかり。

I'm all ears.のように〈主語＋be動詞＋all～〉で「～ばかり」となります。He's all talk.は「彼は口ばっかり」というちょっと不名誉な表現。He's all work.ならば「彼は仕事ばっかり」→「遊ばない人」という意味になります。

シーン 3

I couldn't agree more.

○ 大賛成です。
✕ これ以上賛成できません。

I agree.「賛成」の一言でもあなたの気持ちは伝わりますが、言葉には表情があります。どうせなら目いっぱい賛成してあげたいときに使いたいフレーズです。

スミスと打ち解けられなくて悩んでるんだって？

はい…

しょんぼり…

まあ落ち込むな
この辺りでいい店知ってるんだ
皆で行けば楽しいぞ！

I couldn't agree more!
（いいですね！）

翔太さん少しは元気でたかしら
部長に相談して正解だったかも

日本民芸品店だ！ いい店だろ？
今度はコレでスミスのハートをキャッチだ！

はい！

やっぱり失敗だったかも…

キーフレーズを理解しよう!

I couldn't agree more.

大賛成です。

couldn't agreeだけ聞くと、「反対なの?」と焦ってしまうかも。couldn'tはcan'tの過去形ではなく、「〜しようと思ってもできないだろう」を表す仮定法です。agreeのあとのmoreもポイントで、「これ以上賛成できないだろう」→「大賛成」という前向きな表現です。否定形にすることで、「賛意」がグッと強調されるのです。

・・・・・・・・・・・・・・・・ 発展フレーズ ・・・・・・・・・・・・・・・・

I'm all for that.

大賛成です。

「〜のために」を表す前置詞forには「〜に賛成で」のように賛意を表す意味もあります。I'm for that.なら「賛成」で、大いに賛成なことを表したいならallを加えてI'm all for that.「大賛成」となり、とても簡単に自分の気持ちを伝えられます。反対の意を伝えたいときはI'm against that.「反対」とします。

PART2 日常フレーズ〈初級〉

ステップアップ 表現を広げよう!

「大賛成です」の別の表現を覚えよう

🏷 I'm convinced.

納得したよ。

convinceは「(説明などによって) 納得させる/確信させる」という意味なので、I'm convinced. で「納得した」になります。英語が現在形でも、日本語は過去形にするほうがしっくりきます。I see. よりも説得力があり、ビジネスの打ち合わせなどでもよく使われます。

🏷 You've got my vote.

君に1票だ。/大賛成だね。

日本語でも「あなたに1票」などと言いますが、それと同じ意味合いです。「君は僕の1票を得たよ」➡「あなたに大賛成/あなたの言ったことを支持する」という意味で、カジュアルなニュアンスです。友人がよい提案をしたときなどに使ってみましょう。

🏷 Amen!

大賛成!

Amenはご存じのとおり、祈りのあとに唱えるヘブライ語。実はこれ、「同意/賛成」の意思表示をする言葉でもあり、Amen to that! とも言います。このように宗教に関わるフレーズを使うときには気配りも必要。友人どうしのカジュアルな場面で使うのが無難です。

シーン3

こんなシーンで使ってみよう

We have too much to do today.
今日はすることがいっぱいだね。

I know.
How about canceling the museum trip?
そうね。博物館行きは中止にしましょうか？

You've got my vote.
大賛成だね。

会話のポイント！ 相手の提案に賛成なら、あなたの賛成票を投じましょう。1票を投じることで賛成の意思表示をするのは日本語と発想が同じ。ビジネスシーンでの大賛成なら、I couldn't agree more. も使えます。

英語ではこうなる　都合のよい人は塀の上にいる？

He likes to sit on the fence. 「どっちつかず」

形勢をうかがって自分の都合のよい側につこうとする「日和見主義者」をfencesitterと言います。同じニュアンスで、He likes to sit on the fence.「彼は塀の上に座って（形勢を見て）いる」→「どっちつかず」も使われます。

I'm just pulling your leg.
○ 冗談だよ。
× 君の足を引っ張っているだけだよ。

楽しく会話していたのに、ちょっとした一言で何だか雲行きが怪しくなることはよくあります。「冗談だよ」と深刻にならない程度に伝えられる表現です。

俺ら英会話講師も
大変だよな
トニー塾長に
こき使われてさー

そうそう

口うるさいし　音痴だし
英語の歌教えるときの
あの子どもたちの顔見たか？
耳がおかしくなるっての

全教室にまで
聞こえるから
たまんないよな

な　なーんて！
I'm just pulling your leg.
(冗談だよ)

おいおい何いまさら
びびってんだよ

もっと本音を
言っていいんだぜ

キーフレーズを理解しよう!

I'm just pulling your leg.

冗談だよ。

pulling one's legは人の成功をねたんだり、邪魔をする意味の「足を引っ張る」ではなく、「冗談を言う／からかう」の意味です。悪意はなく、親しい友人に向かって言う一言で、「冗談だよ」というニュアンス。Stop pulling my leg.「冗談はよしてよ」やYou're pulling my leg, right?「からかってんだよね？」のようにも使えます。

・・・・・・・・・・・ 発展フレーズ ・・・・・・・・・・・

I'm just yanking your chain.

冗談だよ。

散歩中に犬が飛び出しそうになって飼い主がグイッと鎖を引っ張るのがyank someone's chainですが、ここではI'm just joking.「冗談を言う／からかう／一杯食わす」と同じ意味です。yank one's chainには相手を怒らせて反応を見てみようという、ちょっと意地悪なニュアンスがあるので、親しい友人どうしで使う程度にとどめましょう。

表現を広げよう!

「冗談だよ」の別の表現を覚えよう

🏷 I'm just playing with you.
ちょっと冗談を言っただけだよ。

「えっ、本気にとっちゃった?」と、自分の言った冗談を真に受けてしまいそうな相手に慌てて訂正するイメージです。Just joking.だけでもOK。

🏷 I'm just poking fun at you.
ちょっとからかっただけだよ。

tease「からかう」と同じ意味をもつpoke fun atですが、同じ「からかう」でも「笑い者にする/もの笑いの種にする」とはニュアンスが違ってきます。戯れるという無邪気な意味合いよりも、むしろ上から目線を感じるフレーズです。スラングなので、使い方には気をつけましょう。

● 冗談の度合い

弱 ↓ 強	☑ **I'm just playing with you.** ちょっと冗談を言っただけだよ。
	☑ **I'm just poking fun at you.** ちょっとからかっただけだよ。
	☑ **I'm just teasing you.** ちょっとからかっただけだよ。

シーン4

こんなシーンで使ってみよう

I drank your coffee.
君のコーヒー飲んじゃったよ。

What?
何だって？

I'm just playing with you.
I put it on your desk.
ちょっと冗談を言っただけだよ。君の机に置いてあるよ。

会話のポイント！ ちょっとからかったつもりでも、相手に通じなければ問題となります。いじめにつながる行為と受け取られるおそれがあるので、そんな誤解をまねかないよう、すぐに種明かしをしましょう。

QUIZ

（　）のに入るのはどっち？

（　　）a leg! 「幸運を祈る」

①Pray　②Break

Good luck!と同じ意味で、Break a leg!「幸運を祈る！」も使えます。直訳は「足を折れ！」と物騒な表現ですが、相手の成功を願う気持ちを伝えるときにピッタリなフレーズです。

［答え］②

PART2 日常フレーズ〈初級〉

シーン5

You're too much.
○ 冗談きついよ。
× 君は多すぎ。

悪気がなくてもちょっと度がすぎる人がいます。発言にせよ行動にせよ、このまま見過ごすわけにはいかない思いを、伝えたいときの表現です。

葵は本当にチョコが好きだよね

もう全身チョコになるんじゃないかってくらいね 夏になったら溶けるんじゃないかしら

!!

本当に溶けちゃったかも〜

くるっと

ギャアア！

あはは驚いた？

文化祭で使ったやつもらったの

You're too much.
（冗談きついよ…）

💡キーフレーズを理解しよう!

You're too much.

冗談きついよ。

More than enough is too much.「何事もすぎたるは及ばざるがごとし」。社会生活には一定の限度があり、それを超えた人に向けた一言で、「いい加減にしてよ」のニュアンス。ただし、相手の冗談に「笑わせてもらったよ」と伝えるときには「とても面白い」の意味になり、そこに非難する気持ちはありません。仲間内で使うことをおすすめします。

・・・・・・・・・・・・ 発展フレーズ 🔼 ・・・・・・・・・・・・

That's enough.

もうたくさんだ。

Thanks. That's enough.「ありがとう。もう十分だよ」と答える場合や、子どものいたずらに母親が「(いい加減にしなさい)もうたくさん!」と叱る場合、やまない批判や冗談に対して「もういいよ。やめてくれ」と言う場合など、さまざまな状況で使えます。どんな状況で使っているかは、口調や表情から読み取りましょう。

PART 2 日常フレーズ〈初級〉

ステップアップ 表現を広げよう！

「冗談きついよ」
の別の表現を覚えよう

Let's take it down a notch.

まぁまぁ。／抑えて、抑えて。

take ~ down a notchは「一段階下げる」という意味。相手が興奮しすぎたり、しつこくからんできたりした場合に、「カッカとした熱さの段階を一段下げましょう」➡「まあまあ／抑えて、抑えて」となります。相手に対してはやや上から目線の一言になります。

You're going too far.

やりすぎだよ。

go too farは「遠くに行きすぎ」➡「限度や常識の範囲を超えている」ということ。行動のみならず、冗談、毒舌などにも言えます。今まさに行きすぎたことをしているのなら、You're going too far.を。過激すぎる活動を習慣的に繰り返すグループに対してなら、現在形のThey go too far.「彼らはやりすぎなんだよ」を使います。

Oh, stop it!

またまた〜。

冗談でもきつくない冗談に対しての一言。お世辞を言われて単純に喜んでばかりはいられません。照れくさい場合もあります。「やめてよ（そんな）」というニュアンスの断りの意思を表す穏やかな一言ですが、Oh,があればこそです。やんわり言うのがポイントです。

シーン **5**

こんなシーンで使ってみよう

You're going to marry me, aren't you?
僕と結婚してくれないか？

Oh, stop it!
またまた〜。

With my looks and your brains, we'd have great kids.
僕の容姿と君の頭脳があれば、すばらしい子どもが生まれるさ。

会話のポイント！ Stop it!は口調によりかなり強い言葉になります。プロポーズされて「からかっているの？／ご冗談を」と受け流す程度のことであれば、Oh,をつけてやんわり断りましょう。

英語ではこうなる

やりすぎは要注意!!

Overdone is worse than undone.「やりすぎはやらないよりも悪い」

「すぎたるは及ばざるがごとし」とあるように度がすぎると戒められるのは社会の常。そんなときにピッタリなフレーズです。もしやりすぎたと思ったら、I went too far.「やりすぎちゃった／言いすぎちゃった」を使いましょう。I'm sorry.を忘れずに。

シーン 6

That was close.
○ あと一歩だったね。
× 近かったね。

頑張った人全員が成功するとは限りません。「今回はうまくいかなくても、次はきっとチャンスがあるよ！」と励ましてあげたいときの一言です。

遊園地

あっ あの景品欲しい！

僕に任せて！

ああ！
あと1点だったのに

That was close.
（おしかったわね）

はい、
おしかった賞です

うっ…
変な人形…

うわー
かわいい！

気に入ったなら
あげるよ

よかった葵が
喜んでくれて

キーフレーズを理解しよう！

That was close.

あと一歩だったね。

このcloseは「近い／接近した」の意味の形容詞です。たとえば生徒の答えに、Your answer was wrong.とダメ出しするよりも「惜しい」と言って次の頑張りを期待したいところです。正解やゴールに近づいているという意味なので、先への希望が生まれる一言です。また、ちょっとした危険を回避して「危なかった」と言うときにも使えます。

PART 2 日常フレーズ〈初級〉

・・・・・・・・・・・・・ 発展フレーズ ・・・・・・・・・・・・・

Better luck next time.

次はきっとうまくいくよ。

意図していたことがうまくいかずガッカリしている人には、一声かけたいもの。Better luck next time.「次回はよりよい幸運を」は、今回残念ながら失敗してしまった人に向けた言葉です。「次はきっとうまくいくよ／惜しかったね、でも次があるよ／頑張れ」という意味になります。口先だけではなく心を込めて言うことが大切です。

ステップアップ 表現を広げよう!

「あと一歩だったね」
の別の表現を覚えよう

You missed by an inch.
あとほんのちょっとだったね。

「わずか1インチのところだったね」が直訳。「ほとんど成功していたのに。本当に惜しかったね」という肯定的なニュアンスです。「うまくいかなかった」と否定形で表すよりもずっと相手が受け入れやすいフレーズで、どんな場面でも使えます。

Good try.
よくやったね。

tryは「試み/試みる」ことなので「よく頑張った、惜しかったね」という意味。頑張ってはみたけれど、結果的には成功しなかった人に対して、失敗ではなく、頑張りに目を向けた相手へのエールや気遣いを表すフレーズ。You should be proud of yourself.「よく頑張ったね」もOKです。

You almost made it!
惜しい!

「ほとんどできていたのにね」が直訳。できなかったのは事実でも、almost make itであれば「あと一歩だったね」と、惜しい気持ちを表せます。前にWow.をつければ「よくやったね。惜しかったね」、How sad.をつければ「残念。もう少しだったね」です。

シーン**6**

こんなシーンで使ってみよう

Has the bus already left?
バスは行っちゃった？

I'm afraid so. You almost made it.
残念。惜しかったわね！

Oh, no!
わあ、そうなんだ！

会話のポイント！
「行っちゃったわよ」だけではちょっとそっけないとき、I'm afraid so.で残念な気持ちを、そしてYou almost made it.で肯定的なニュアンスを表します。突き放さない思いやりが伝わります。

とっさのワンフレーズ

You made it!
やったね！

同じ「残念」でもなるべくネガティブなニュアンスは排除して前向きなフレーズを使いたいもの。You made it!「やったね！」はYou almost made it!「惜しいね！」にほとんど近いニュアンスになります。

シーン7

I've been there.

○ 経験したことあるよ。
× そこに行ったことがあるよ。

友人の苦労話や体験談などを聞いて「わかる、わかる。私も経験ずみだもの」と共感していることを伝えるときの表現です。

翔太さんがスミスさんと仲良くなれるようここは私が一肌ぬがなくちゃ！

おいしいお菓子で交流すればきっといけるわ！

翌日

うわっ スミス君どうしたの?!

ケイトさんが手作り菓子をくれたんだけど断れなくて…

すごい量だった…

※当シリーズ動画より

わかるよ…
I've been there.
（僕も経験ずみさ）

そうか…
お前とはイイ仲間になれそうだ…

ああ！

彼と通じ合えた気がする…!!
ありがとうケイトさん！

キーフレーズを理解しよう！

I've been there.

経験したことあるよ。

「そこに行ったことがある」という経験を表す文のthereを、体験した場面や状況と考えれば「もう経験ずみだよ」という意味になります。「だからあなたの気持ちはよくわかる」と伝える一言です。I really understand your situation.では相手の気持ちは理解していますが、自分も経験していたかは不明です。

・・・・・・・・・・ 発展フレーズ ・・・・・・・・・・

I've been down that road.

それはもうやってみたよ。

I've been down that road and it didn't take me where I wanted to go.を短縮した表現。I've been down that road.「その道を走ったことがある」は「それをやってみたことがある」という経験を表します。「しかし残念ながらその道は望むところにはつながっていなかった」→「うまくいかなかった」ということです。

表現を広げよう!

「経験したことあるよ」
の別の表現を覚えよう

🏷️ We're in the same boat.
私もそんな経験があるよ。

困った状況で「同じ船に乗っている」のであれば、それは「皆、運命共同体／同じ境遇である」ということになります。話の流れで、「実はね、ずっと片思いばかりなの」と打ち明けてきた相手に、このフレーズを言えば「私も同じ経験をしてきたわ」という意味になります。

🏷️ I know all about that.
何だってわかっているよ（経験ずみだからね）。

all aboutは「～に関するすべて」という熟語です。「そのことについては、逐一承知している」→「言わなくても大丈夫」のニュアンスがあります。誰もわかってくれないのではないかと悩んでいる相手には、ほっとしてもらえる一言です。

🏷️ Don't teach your grandmother to suck eggs.
釈迦に説法だよ。

suck egg「卵の中身を吸い出す」は「卵を盗む」こと。「おばあさんに卵の盗み方を教えるな」は「経験を積んだ人にあえて忠告をする」→「釈迦に説法」となります。相手への同情などから出たのではなく「言われなくてもわかっているよ」のニュアンスです。

シーン7

こんなシーンで使ってみよう

My boss is so mean to me.
上司が僕にとても意地悪なんだ。

We're in the same boat.
私にもそんな経験があるわよ。

Your boss is mean too?
君のボスも意地悪なのかい？

会話の
ポイント！

人の悩みやつらい体験を聞かされるとついアドバイスをしたくなることがあります。しかし、それよりも気持ちを分かち合い、共感することが大切だと思ったら、この一言を使いましょう。

Quiz

（　）に入るのは？

Been (　　　), done that.
すでに相談してみたけど…。

苦境の友人に提案をしたがBeen there, done that.「すでに相談してみたけど（何の役にも立たなかった）…」という答えが。このthereは場所を表す「そこに（で）」ではなく、自分が「すでに経験している」ことを表します。　［答え］**there**

シーン 8

Don't go there.
○ その話はなしにしてね。
× そこへは行かないでね。

会話が向かってほしくない方向へ向かおうとしているときや、ここではあまり触れたくない話題が出たときに使える、ストレートすぎないフレーズです。

ん？ お母さんの帽子かな？

またヘンテコな帽子買って！ 趣味悪いなあ

あっ葵！ 見てよこの帽子！ また…

ぐふっ

Don't go there.
（その話はやめましょ）

その帽子お客さんのよ

キーフレーズを理解しよう!

Don't go there.

その話はなしにしてね。

　楽しく話をしていたら、相手から急にDon't go there.と言われました。「そこってどこ？」などと聞き返してはいけません。ここでのthere「そこ」とは「触れたくない話題」という意味なので、「その話はここではしないでね」ということになります。絶対にやめてほしい場合は、Don't even go there.と言いましょう。

・・・・・・・・・・・・・ 発展フレーズ ・・・・・・・・・・・・・

Let's not open a can of worms.

話をややこしくするのはやめようよ。

　難問を前に、額を寄せ合っている仲間たち。「そうだ、デイブに相談してみようか？」そのデイブこそがa can of worms「虫の詰まった缶」であれば、開けた途端に虫が這い出てきて、話がますます複雑になってしまいます。「虫の詰まった缶」→「難問／ややこしく複雑な問題」で、「話がよけいややこしくなっちゃうよ」ということになります。

PART 2　日常フレーズ〈初級〉

表現を広げよう!

「その話はなしにしてね」
の別の表現を覚えよう

🛍 We better not touch that.

もうその話はやめて。

touchには「(話題に)触れる/言及する」の意味があります。「その話には触れないほうがいいね」の意味ですが、「もうその話はやめて」というニュアンスになります。youを主語にするとやや命令口調になりますが、主語をweにしたことでそのニュアンスがやわらぎます。

🛍 That's off topic.

その話はやめておきましょう。

「それは話題(主題)からはずれている/ずれている/含まれていない」➡「その話はやめておきましょう」ということになります。また同じ意味でThat's off the table.もありますが、この場合のtableはnegotiation table「交渉のテーブル」の意味。今では交渉の場面に限らず使うことができます。

🛍 Let's not play with fire.

その話はやめておこう。

「火遊びをする」は、日本語では別の意味合いを含んだフレーズになりますが、英語の場合はそのものズバリ「火で遊ぶ/危険なことをする」の意味になります。この場合は「その話をするのは危険」➡「その話はやめておこう」ということになります。

こんなシーンで使ってみよう

Jack suddenly yelled at me for no reason.
ジャックは突然理由もないのに僕をどなりつけたんだ。

What?! I'm going to tell him to keep quiet.
何だって?! 僕がおとなしくするように言ってあげるよ。

No, please don't. Let's not play with fire.
いいよ、やめてくれ。その話はもういいんだ。

会話の
ポイント！
虫の居所が悪かったのか、突然、理由もなくどなってくる人に正論は通じそうもありません。そんなときには友人の好意はありがたくても、今日はじっとやり過ごすほうがよさそうです。

とっさのワンフレーズ

Don't even try.
無理でしょう。

Don't even try. は「試すことさえするな」→「無理でしょう」の意味になります。もし独立を考えるあなたに先輩がDon't even try. と言ってきたら、それは「やめておきなさい」という助言です。

シーン 9 ♥ 👔

I have butterflies in my stomach.

○ ドキドキする。
× 胃の中に蝶がいる。

デート中に大好きな恋人の前で、胸がドキドキ、ハラハラ。そんなとき、相手を心配させない程度にこんな言葉が言えれば、少し気が楽になるはずです。

今日は葵と買い物デートだ
I have butterflies in my stomach.
（ドキドキするな）

どんな服着てくるんだろ…
かわいいフリルのスカートとかかな
楽しみだな

おまたせー

って
今日はスカートじゃ
ないのかい？

はあ？
バーゲンは戦（いくさ）よ?!
戦にスカートで行く
奴がいる？

ああ葵…

ガッカリ

命がけよ

キーフレーズを理解しよう!

I have butterflies in my stomach.

ドキドキする。

　胃の中に何匹も蝶（butterflies）がいるなんて、尋常なことではありません。それだけで、ソワソワ落ち着かない気持ちが表せます。日々の生活では緊張を強いられる場面も多くあります。これは、それほど深刻ではない緊張を伝えたいときに使えて、プライベート・ビジネスどちらでも使えます。どちらかと言えば、女性が言うほうがしっくりきます。

・・・・・・・・・・・ 発展フレーズ ・・・・・・・・・・・

I'm like a cat on a hot tin roof.

どうにも落ち着かないよ。

　I'm like a cat on a hot tin roof.は「今、私は焼けたトタン屋根の上のネコみたい」ということ。like a cat on a hot tin roofは「落ち着かずソワソワして」の意味ですが、「ビクビクして」というおびえのニュアンスもあります。たとえば、社長面談の前に部屋の中をウロウロ。とてもじゃないが落ち着けないという状況を表すにはピッタリです。

PART 2 日常フレーズ〈初級〉

表現を広げよう!

「ドキドキする」の別の表現を覚えよう

My heart skipped a beat.
胸がドキドキした。

恐怖や不安のせいでなく、ワクワク感から胸がドキドキ、キュンとすることを表しています。また、「(よいものを見て) 胸がドキッとする/ハッとする」の意味合いで使うのもOKです。

I got the collywobbles.
どうにも気分が落ち着かなかった。

collywobblesは「(原因不明の) 腹痛/胃痛/緊張感/恐怖」のことです。get the collywobblesとは、重大な場面に立ち会ったり、新しいことに挑戦するときなどに、胃が痛くなることがありますが、その感覚のこと。「ワクワク/キュンキュン」とは正反対の感覚です。

I was a little flustered.
ちょっと焦っちゃったけどね。

be flusteredは「狼狽する」のように気持ちが混乱してしまうことを表します。a littleがつくので「ちょっと緊張する/若干混乱する」という意味で、「そんなにたいしたことじゃない」というニュアンスを含みます。「焦ったぁ〜」という意味にもピッタリきます。

シーン9

こんなシーンで使ってみよう

I sat next to Lady Gaga on the plane yesterday.
昨日飛行機でレディー・ガガの隣に座っちゃったの。

Really? How was it?
本当？　どうだった？

I was a little flustered.
ちょっと焦っちゃったけどね。

会話のポイント! 非日常的なことに突然遭遇した場合は、焦ったり、狼狽したり…でも、少し時間がたてば、「焦った」というところに落ち着きそうです。そんな気持ちにピッタリなのが be flustered です。

英語ではこうなる

蝶の羽ばたきが世界を動かす?!

butterfly effect「バタフライ効果」

ripple effect「波及効果／連鎖反応」よりももっと壮大なのが butterfly effect。「世界の遠く離れた場所での蝶々の羽ばたきが、遠く離れた場所で大きな影響を及ぼす」 ➡ 「初期の考えられないほどのささいな差が大きな結果をもたらす」という意味です。

PART2 日常フレーズ〈初級〉

Not my cup of tea.

○ 私の好みじゃない。
✗ 私の紅茶じゃない。

会話を楽しむコツの一つは互いの趣味を語り合ったり、誘い合ったりすること。しかも直接的ではなく婉曲表現で伝えられればより good です。

こんな服はどうかな？

んー Not my cup of tea.
（私の好みじゃないかな）

そうか…かわいいと思ったのにな…

服選び手伝いたいけど好みがいまいちわからないな

もうやけくそだ

これなんかどう？

あら！いいわねこれにするわ！

えっ…

キーフレーズを理解しよう！

Not my cup of tea.

私の好みじゃない。

It's not my cup of tea.の短縮形で、元はイギリス英語ですが、アメリカ人もよく口にします。紅茶にうるさいイギリス人にとって、my cup of teaは「好み／趣味に合うこと」。人からの誘いに、I don't like〜「〜は好きじゃない」で断るよりもTo be honest, not my cup of tea.「実は趣味じゃないんだ」のほうがソフトな印象です。

発展フレーズ

That's not my thing.

私は遠慮しておくよ。

「それは私の物ではない」とうっかり訳しがちですが、ここでのthingは「好きなこと／得意なこと」を表し、「それは私がやりたいことではない」を意味しています。相手の趣味をたずねるとき、ネイティブはWhat's your hobby?よりもWhat's your thing?を使います。返事はMy thing is skiing.「趣味はスキーです」でOK。

ステップアップ 表現を広げよう!

「私の好みじゃない」の別の表現を覚えよう

🏷️ It doesn't tickle my fancy.
私の好みには合わない。

tickleは「くすぐる／満足させる」なので、「私の好みを満足させない」→「好みに合わない」という意味になります。「好み／嗜好」を表すfancyはどちらかと言えば、アメリカよりもイギリスで多く用いられる、ちょっと気取ったフレーズです。

🏷️ That's not for me.
私には合わない。

「私向きではない」という意味。そんなに嫌いなわけではないけれど、「何となく気に入らないなぁ／何となく苦手だなぁ」というニュアンスです。自分の好きでないことや得意でないことに対して使います。

●好み・興味の否定の度合い

弱 ↓ 強	
弱	☑ **It doesn't float my boat.** 興味がない。
	☑ **It doesn't tickle my fancy.** 私の好みには合わない。
強	☑ **That's not for me.** 私には合わない。

シーン 10

こんなシーンで使ってみよう

How about going to the opera tonight?
今夜オペラに行かない？

Actually, that's not for me.
うーん、私には合わないなぁ。

You don't like opera?
オペラは好きじゃないんだね？

会話のポイント! 相手の誘いにいま一つ乗れないけれど、don't like「嫌い」とは言いにくい場合があります。そんなとき「私の好みに合っているか」を示すフレーズなら、誘う相手を否定していないので角が立ちません。

英語ではこうなる

意外と通じるカタカナ英語

He's my type.「彼は私のタイプだわ」

ナイーブのように誤用されるカタカナ英語も多いですが（➡P147）、通じるものもあります。「彼は私のタイプだわ」と言うのであれば、そのままズバリ、He's my type.、そうでなければ、He's not my type. でOK。

シーン 11

What's eating you?
○ 何を悩んでいるの？／どうしたの？
✕ 何があなたを食べているの？

友人の様子がいつもと違うと、とても気になるもの。さりげなく「どうしたの？」と聞いてあげたいときに使える一言です。

What's eating you?
(悩みでもあるの？)
スミスさんとは仲良くなったんでしょ？

んー

実は…
スミスが僕の獅子舞を気に入ってくれたから調子に乗って練習しているうちにスキルが上がっちゃって…

今度ローカルTVで披露することになったんだ

きんちょうしちゃって…

……

翔太さんは一体どこまで行くの…

キーフレーズを理解しよう!

What's eating you?

何を悩んでいるの？／どうしたの？

家族の問題を抱え、もがき苦しむ青年を描いた映画『ギルバート・グレイプ』の原題はWhat's Eating Gilbert Grape?「何がギルバート・グレイプを悩ませているのか？」。ここでのeatは「食べる」ではなく「困らせる／悩ませる」の意味となります。つまり、「何があなたを悩ませているの？／どうしたの？」と問いかけているフレーズです。

— 発展フレーズ —

Who rained on your parade?

何で怒っているの？

「誰があなたのパレードに雨を降らせたの？」が直訳。paradeには「楽しいもの／晴れの舞台」の意味もあり、そこに雨を降らすのは「水をさす」というニュアンス。当然、怒りを覚え、「誰があなたを怒らせたの？」が転じて「何で怒っているの？」に。Someone rained on his parade.なら「誰かが彼の気にさわることをした」となります。

表現を広げよう!

「何を悩んでいるの?/どうしたの?」の別の表現を覚えよう

Why the long face?

どうして浮かない顔をしているの?

Why do you have a long face?を短縮したフレーズ。long faceは文字どおり「馬面の長い顔」のほかに「浮かない顔/憂鬱そうな顔」の意味があります。「浮かない表情の原因」をたずねる、ちょっと上から目線の一言です。Why the long face?は決まり文句、冠詞はtheです。そのまま覚えましょう。

Who burst your bubble?

誰がせっかくの楽しみに水をさしたの?

bubble「シャボン玉」は「現実性がなくても考えているだけで楽しい夢や希望」を表します。「それを破裂させたのはいったい誰?」➡「あなたの楽しみに水をさしたのはいったい誰なの?」となります。

What's bugging you?

どうしたの?

bugは名詞であれば「虫」のことですが、このように動詞になると「イライラさせる/悩ます」という意味になります。直訳すると「何があなたを悩ませているの?」➡「どうしたの?」ということ。What's annoying you?も同じように使えます。シーンを選ばず誰に対しても使える表現です。

シーン**11**

こんなシーンで使ってみよう

Why the long face?
どうして浮かない顔をしているの？

My luggage got lost at the airport.
空港で荷物がなくなっちゃったんだ。

Oh, no! That's tough.
まぁ！ それは大変だったね。

会話のポイント！ 相手の「浮かない顔」の原因をたずねるときに、あなたが元気いっぱいでは、相手は気おされるかもしれません。そんなときはWhy the long face?と心配そうに聞いてあげましょう。

英語ではこうなる

臭いを食べるものが臭いを消す？!

odor eater「消臭剤」

odor eaterは「臭いを食べるもの」→「消臭剤」、as-eater carは「ガス食い車」→「燃費の悪い車」。このように〈eat「食べる」＋er〉で人や物を表します。ほかにはPCのメモリをドンドン消費してしまうソフトをmemory eaterと言います。

シーン 12

Where were we?

○ どこまで話したっけ？
△ 私たちってどこにいたんだっけ？

「あれ？」「えっ、何だったっけ？」といった、つぶやきに似た言葉を英語にするのは、案外難しいもの。会話での必須表現なのでぜひ覚えておきましょう。

あの子…せっかく葵と話してるのに何でげっそりしてるんだ？

うらやましい…

ああジョンよかった代わってちょうだい！

いいの？

喜んで!!

数時間後

あれ？

何やってんの？

ジョンの友人2

今季出たチョコ製品の考察を話していたのよで、Where were we?
（どこまで話したっけ）

……

キーフレーズを理解しよう!

Where were we?

どこまで話したっけ？

せっかく話が弾んでいたのに、ちょっとした邪魔が入って会話が中断してしまった。お邪魔虫もいなくなり、ようやく会話を再開しようと思ったら、どこまで話したか忘れてしまった。「私たちってどこにいたんだっけ？」➡「どこまで話したっけ？」を言い表すのにピッタリなのがWhere were we?です。会話でよく使える表現です。

発展フレーズ

Bear with me.

ちょっと待って。

bearには「辛抱する／たえる」の意味があり、I can't bear this noise.で「この雑音には我慢できない」となります。会話中、相手がBear with me.と言ったらそれは、何かの理由で話を中断するが「私から離れずちょっと待ってて」の意味です。プレゼンで資料をめくっていたら、どこのページかわからなくなったときにピッタリなフレーズです。

PART 2 日常フレーズ〈初級〉

ステップアップ 表現を広げよう！

「どこまで話したっけ？」
の別の表現を覚えよう

🛍 I lost my train of thought.

何を話していたのか忘れちゃった。

これは、話だけではなく、「何を考えていたのか忘れた」という意味にも使えます。train of thoughtは「思考の列車」ではなく「連続／ひとつながり」というニュアンスで、話や思考の流れを表しています。どんな場面やどんな人に対しても使える表現です。

🛍 You were saying?

少し話を戻してくれる？／どうぞ続けて。

You were sayingのあとにwhatが省略されています。「ええと、何を言っていたんだっけ？ ちょっとわからなくなってきたから、少し話を戻してくれる？」というニュアンスのフレーズ。また、黙ってしまった人に「話を続けてね」と先を促す一言としても使えます。

🛍 What were we talking about?

どこまで話したっけ？

話をしているうちに、「何だっけ？」という場面はよくあります。自分の問いに、思い出したら、Oh, Yes. 「ああそうだった」と言って話に戻りましょう。自分で脇道にそれてしまったのなら、Sorry, I got off track. 「ごめん、ちょっと脱線しちゃった」と言えばOK。

シーン **12**

こんなシーンで使ってみよう

Well, I saw Jane yesterday and we…
昨日ジェーンに会ったんだ、それで2人で…。

Jane? Really? Where?
ジェーン？ 本当？ どこで？

Harajuku… and… What were we talking about?
原宿だよ。それで…あれ、どこまで話したっけ？

会話の
ポイント！ 話の途中で思わぬ邪魔が入り、話の流れを見失ったときには、慌てずにこんな一言を言いましょう。ひとりごとのようにも聞こえますが、主語をweにすることで、相手への問いかけにもなっています。

Quiz

（　）に入るのはどっち？
He （　　　）.「彼って忘れっぽいんだよね」
① is forgetful　② forgets

I forgot.「忘れちゃった」のforgotは「忘れていたけど今思い出した」の意味で、「今思い出せない」のならforget、「忘れっぽい」のであればforgetfulを使います。He's forgetful.なら「彼って忘れっぽいんだよね」です。　[答え] ①

シーン 13

Where's the fire?
〇 何をそんなに急いでいるの？
× 火事はどこ？

何事もストレートすぎる表現にはトゲがあります。ちょっと皮肉を交えて急いでいる相手にたずねる表現です。

急げ急げ!!

痛いっ！

ちょっと！
Where's the fire?
（何をそんなに急いでいるの？）

ごめんっ！

で、でも…お母さんから『夕飯はステーキよ』ってメールきたから…

急げ急げ!!

ゴーーッ！

足速っ！

💡 キーフレーズを理解しよう！

Where's the fire?

何をそんなに急いでいるの？

　火災の通報を受けた消防車がサイレンを鳴らして現場に急行するのは、火事だからこそ。Where's the fire? を直訳すれば「火事はどこ？」ですが、元はスピード違反を取り締まる警察官の皮肉たっぷりの常套句で、「何をそんなに急いでいるの？」の意味。混んだ道などで人を押しのけて先を進もうとする人に向けたちょっと冷めた一言です。

・・・・・・・・・・・　発展フレーズ　・・・・・・・・・・・

Who set your pants on fire?

何をそんなに急いでいるの？

　set～on fire は「～に火をつける」の意味で、直訳は「誰があなたのズボンに火をつけたの？」となります。ズボンに火をつけられたら、必死に水を求めて駆け出すもの。「尻に火がつく」➡「慌てふためく」という意味で、慌てている人に「何をそんなに急いでいるの？」とたずねる、ちょっと批判的なニュアンスが含まれています。

PART 2 日常フレーズ〈初級〉

ステップアップ 表現を広げよう!

「何をそんなに急いでいるの？」の別の表現を覚えよう

Take your time.
慌てないで。

「(そんなに急がなくてもいいから) 時間をとってじっくりやって」の一言は、焦る気持ちで性急にことを運ぼうとしている人にはとても思いやりのある響きです。「自分のペースで無理せず頑張ってね」というニュアンスで、誰にでも使えて、心穏やかになる表現です。

What's the rush?
何をそんなに急いでいるの？

ネイティブらしいフレーズです。この場合の「何をそんなに急いでいるの？」は、There's no need to rush.「そんなに急ぐ必要はない」の意味ですが、疑問形にしているのがポイント。こうすることで相手の気持ちを思いやるニュアンスが生まれます。

Hold your horses.
慌てないで。

西部劇の時代を生きたアメリカ人らしいフレーズです。「馬を抑えておけ」が直訳。いななきはやる馬をどうどうと抑えるイメージから、「慌てるな／そんなに興奮するな」のように相手をいさめる一言。言われた人は、上から目線と感じるかもしれません。

シーン **13**

こんなシーンで使ってみよう

Hey, what's the rush?
おい、何をそんなに急いでいるんだ？

I have to catch the 7:40 train.
7時40分の電車に乗らないといけないんだよ。

Wow, run!
わぁ〜、走れ〜！

会話のポイント！ 急いでいる人にWhy are you in a hurry?などと悠長にたずねていたら、相手は通りすぎてしまうので、締まった短い表現で聞きましょう。答えを特に期待していないときにも使えます。

とっさのワンフレーズ

He's on fire.
やる気がある。／彼は調子がいい。

The building is on fire!なら「ビルが燃えている！」ですが、人間だって燃えるのです。He's on fire.で「やる気がある／調子がいい」と情熱の炎が燃えていることを表します。

シーン 14

Are you happy now?
○ 気がすんだ？
× 今は幸せ？

理不尽なことを平気で進める人に対して、まともに文句を言っても始まりません。
強い皮肉のニュアンスを伝えるときの一言です。

あーンケンちゃんがおもちゃ壊したー！

えっいいよっマイク先生不器用だから…

大丈夫僕が直してやるよ！

僕に任せてくれよ！こういうのは得意なんだ！

ボロッ…

Are you happy now?
（気がすんだ？）
先生

すみません…

キーフレーズを理解しよう!

Are you happy now?

気がすんだ？

　幸せそうな人にはAre you happy?と言ってあげたくなりますが、そこにnowをつけると、皮肉を込めた一言になります。たとえば、ダメだと言っているのに、無理に開けようとして箱を壊してしまった人に「だからダメだって言ったのに」という強い皮肉を込めた一言で、「で、気がすんだ？／これで満足？」という意味になります。

・・・・・・・・・・・・・・ 発展フレーズ ・・・・・・・・・・・・・・

Look what you did now.

やってくれたね。

　Look what you did.は「自分のやったことを見なさい」➡「自分のしたことから目を背けずに、きちんと反省しなさい」の意味で、特に親から子どもへ伝えるフレーズ。最後にnowを加えるとニュアンスが変わります。忠告や警告を無視した友人には皮肉を込めてLook what you did now.「やってくれたね」と言ってやりたくなります。

ステップアップ 表現を広げよう!

「気がすんだ?」の別の表現を覚えよう

You really did it now.

やってくれたね。

日本語でも「やったね」と「やってくれたね」では意味がまったく異なります。You really did it.であれば「やったね／すごい」と相手をたたえる一言になりますが、nowをつけることで「やってくれたね／やっちまったね」という皮肉になってしまいます。nowには「今」以外の意味があることも知っておきましょう。

Are you proud of yourself?

で、これで満足した?

「自分を誇りに思った?」が直訳。ほめる場合に使われることはほとんどなく、皮肉のニュアンスを含んだフレーズ。皆の忠告や反対を押し切って何かをやった結果、皆をガッカリさせたというような場合に「で、これで満足した?」というイメージです。

Well, thank you very much.

迷惑な話だ。

Thank you very much.はお礼の言葉ですが、Well,をつけたらニュアンスが変わります。お礼の言葉も使い方によっては「大迷惑だ」という皮肉の意味になります。「～のせいで余計なとばっちりを受けた」と皮肉を言いたい場面での一言です。

シーン 14

こんなシーンで使ってみよう

Don't open that window! You'll break it.
その窓、開けないで！　壊れちゃうから。

Don't worry. Oh, no! It's cracked.
大丈夫だよ。あぁ、大変だ！　ひびが入っちゃった。

Well, thank you very much.
迷惑な話なんだよね。

会話のポイント！
「だから、言ったじゃないの！」という気持ちがあっても、どなりつけるわけにはいきません。でも、黙っていることもできないとき、冷静にゆっくりとこの言葉を言えば、皮肉の効果は抜群です。

とっさのワンフレーズ

It's satisfactory.
まあ、満足。

satisfactory「満足な」は、実は「大満足」というわけではありません。友人に借りた本の感想で、It's satisfactory. と言えば「まぁ、満足」という意味で、積極的な満足を表してはいません。I really love it. のようにしっかり気持ちを表すのが一番です。

日常会話で使える
ことわざフレーズ②

ことわざには、人間の怠惰な気持ちや陥りやすい弱さ・習性を戒めるものが数多くあります。中には同じ意味でありながら真逆の解釈があるのはお国柄によるものです。

シーン1

I'd like to learn calligraphy, flute and…
お習字も習いたいし、フルートも習いたいし、それに…

If you run after two hares, you will catch neither.
「二兎を追う者は一兎も得ず」だよ。

「何事においても、あれもこれもと手を出せば、何ひとつ成し遂げることはできない」と諌める一言。このことわざとは逆の「一石二鳥」は、Kill two birds with one stone.で表します。

シーン2

I'm going to quit my job next month.
来月仕事を辞めるんだ。

Again?! A rolling stone gathers no moss. Good luck!
またなんだ！「転石苔むさず」だよね。頑張って！

日本人は「転石苔むさず」を「コロコロ変わるような人やことはよくならない」というネガティブな意味で用いますが、アメリカ人は、積極的に変化を求めていくことをよしとする風潮から、このフレーズをポジティブなニュアンスで使います。

PART 3
日常生活で使える
フレーズ〈上級〉

PART3では、PART2より少し発展した表現が出てきます。どれも覚えておくと便利に使えるものばかりで、会話の幅が広がります。直訳との違いにも注目してみましょう！

シーン 1

I have too much on my plate.

○ するべきことが山ほどあります。
× 私のお皿の上は山盛りです。

仕事や料理の手伝いを頼まれたとき、こころよく引き受けたくても、忙しいとそうはいきません。遠回しに自分の状況を伝えて断りたいときのフレーズです。

取引先に連絡して報告書まとめて会議資料作って…

ひーん

I have too much on my plate!
（もうやることいっぱいだよ！）

スミス君も同じくらい忙しいはずなのに落ち着いてるな…

ん？

!!

静かに慌ててたんだな…
慌て方もさすが硬派だスミス君!!

何笑ってんだ
仕事しろ

キーフレーズを理解しよう!

I have too much on my plate.

するべきことが山ほどあります。

お皿の上に食べ物が山盛りになった光景が目に浮かぶフレーズです。しかし、これは「やるべきことが山ほどある」➡「とても忙しい」状態を表しています。I'm busy.は「忙しい(から無理)」という断りたい気持ちがあからさまに出てしまいますが、この表現なら、冷静に自分の状態を伝えて相手にわかってもらおうとする意思が伝わります。

PART 3 日常フレーズ〈上級〉

・・・・・・・・・・・・・ 発展フレーズ ・・・・・・・・・・・・・

I'm buried in work.

仕事で身動きがとれません。

be buried in〜は「〜に埋葬される/埋もれる」なので身動きがとれない状態。be buried in workなら、仕事に埋もれてしまい自由がきかないこと。もっと忙しいのならI'm buried up to my neck in work.です。首まで埋まって微動だにできないほどの忙しさが強調でき、心身ともに余裕がまったくない自分の姿が相手に伝わります。

123

表現を広げよう!

「するべきことが山ほどあります」の別の表現を覚えよう

🛍 I'm kind of busy now.

今は忙しいんです（どうしましょうね）。

kind of ～をつけることによってbusyの表現をやわらげることができます。この場合は、「ちょっと忙しいんだけど！」という感じではなく「忙しいんだけど、どうしましょう…」という遠慮がちなニュアンスになります。やんわりと断る気持ちを伝えるフレーズです。

🛍 I'm all tied up now.

今は手が離せません。

直訳すれば「今は完全に縛りつけられています」、すなわち「手が離せません」になります。allを取れば忙しさがやや軽減されたイメージで、冷静なフレーズになります。同じニュアンスでMy hands are kind of full.「ちょっと手いっぱいなんです」も使えます。

🛍 I don't even have time to think right now.

今は考える暇もありません。

evenがつくことで「考える暇さえもない」という、時間がないことを強調したフレーズです。何かを頼まれたときに、このように答えれば、相手は自分がその人の時間を奪ってしまったと考えるかもしれません。余裕のない返答になることを知っておきましょう。

シーン **1**

こんなシーンで使ってみよう

Could you help me out?
ちょっと手伝ってもらえる？

Sorry, but I'm all tied up now. But I'll be free from 3:00.
ごめん、今は手が離せないんだ。でも、3時からは空くよ。

Oh, thanks.
わぁ、ありがとう。

会話のポイント！　頼みごとをしてきた相手に対して、たとえ今は無理でも、いずれ対応できるのであれば、それがいつ・何時からなのか予定を伝えておけば、相手はホッとしてくれるはずです。

PART **3** 日常フレーズ〈上級〉

QUIZ

（　）に入るのは？

I'm so busy my (　　) is spinning.

忙しくて目が回る。

とても忙しいとき、「目が回る」と言いますが、英語では I'm so busy my head is spinning. で、回るのは「頭」です。ほかには I'll take any help I can get.「猫の手を借りたい」などもあります。

［答え］**head**

It's no sweat.

○ お茶の子さいさいだよ。／楽勝だよ。
× 汗じゃないよ。

「大丈夫。楽勝だよ」と答えれば、不安ながらあなたに依頼をしてきた人や、質問をしてきた人の気持ちは楽になるはず。前向きな表現で相手を安心させましょう。

わあ　大荷物だねケイトさん　よかったら持つよ

悪いわ　重いのよこれ

It's no sweat.
（楽勝さ）

いいとこ見せるチャンス！

?!

大丈夫？翔太さん

It's no sweat...
（楽勝さ）

はぁ…　はぁ…

キーフレーズを理解しよう!

It's no sweat.

お茶の子さいさいだよ。／楽勝だよ。

人に何かを頼まれたときは、気持ちよく引き受けたいもの。そんなときに前向きな気持ちを表せる表現です。It's no sweat.「お茶の子さいさいだよ／楽勝だよ」は、「そんなたいした仕事じゃないよ、安心して」という相手への気遣いが感じられる一言。難しい仕事や重労働は汗をかくものですが、汗もかかずに簡単にできる、ということです。

発展フレーズ

It's a piece of cake.

朝飯前だよ。

「腹が減っては戦はできぬ」は、仕事を成し遂げるためには、しっかり食事をとらなければならないという意味。しかし、食事の前にササッと片付けられる簡単な仕事もあります。それが「朝飯前にできること」。この日本語に対応するのが、a piece of cake「ひと切れのケーキ」で、「簡単な／楽な仕事」の意味があります。

表現を広げよう!

「お茶の子さいさいだよ／楽勝だよ」の別の表現を覚えよう

It's child's play.

こんなの簡単だよ。

子どもには難しい遊びでも、大人は楽にできるもの。頼みごとをしてきた相手にこう言えば、相手はホッとするかもしれませんが、「本当にできるかなぁ」と不安顔の友人にこのフレーズで答えるのは、相手の不安に真剣に対応していないと思われる可能性もあります。

That's a walk in the park.

誰にだってできるさ。／超簡単じゃん！

マラソンと比較すれば、公園を歩くのは難易度がずっと下がります。このフレーズは「そんなの公園の散歩さ」➡「誰にだってできるさ、楽チンだもの」という意味。It's child's play.同様「超簡単じゃん！」ということで、年長者などに言うのは避けたほうが無難です。

I can do that with my eyes closed.

目をつぶってもできるさ。

深い谷に渡したロープの上を目隠ししたまま渡っていくのは、常人には考えられない芸当です。綱渡りだけではなく、目をつぶったままでできるなら、簡単に違いありませんが、苦労している人に向かって言うのは、配慮が欠けていると思われるので注意しましょう。

シーン2

こんなシーンで使ってみよう

Do you know how to use this program?
このプログラムの使い方、知ってる？

No, I don't. I heard it's really hard to use.
ううん、知らない。これって、使うのが本当に難しいって聞いたわ。

Actually, it's child's play.
ホントは、こんなの簡単なんだよ。

会話の
ポイント！
「子どもの遊び」なら簡単に決まっていますが、簡単か難しいかは、人によって判断の分かれるところ。相手をバカにするような口調や態度は慎みましょう。

Quiz （　）に入るのはどっち？

Don't (　　) the small stuff.「クヨクヨするな」
①sweat　　②tear

sweat「汗」には「苦労／努力」の意味もありますが、（　）に入るのは動詞です。動詞sweatには「心配する／気に病む」の意味があります。「小さなことに目くじら立てるな／クヨクヨするな」という意味になります。

［答え］ ①

PART3 日常フレーズ〈上級〉

シーン 3

My boss twisted my arm.

○ 上司が無理強いしたんだ。
× 上司が私の腕をねじったんだ。

「私が好き好んでしたわけじゃない」。その理由が無理強いであるなら、きちんとそう伝える必要があります。twistのもつニュアンスが生きた表現です。

幻滅よマイク

頼りになる男の人だと思ってたのに…

ごっ誤解だ！
My boss twisted my arm.
(塾長が無理強いしたんだ！)

そんなカッコしてアンタって人は…

違うんだ
塾の出し物の劇で
女の子が足りないから
しかたなく…！

キーフレーズを理解しよう!

My boss twisted my arm.

上司が無理強いしたんだ。

動詞twist「ねじる」の意味から派生したフレーズ。人に腕をねじ上げられて自由を奪われることから「無理強い」の意味になります。自分の意に添わないときに使えるフレーズですが、「今日飲みに行かない?」と誘われて、If you twist my arm.と答えれば、「どうしてもと言うなら」となり、この場合は無理強いのニュアンスはありません。

・・・・・・・・・・・・・・・ 発展フレーズ ・・・・・・・・・・・・・・・

My boss put the screws to me.

上司がプレッシャーをかけてきたんだ。

直訳は「上司にねじを締めつけられた」となりますが、このscrewはただのねじではなく、親指を締め上げるthumbscrewのこと。「連夜の残業だけどどうしたの?」と同僚からたずねられて「ボスのプレッシャーがきつくて…(だから残業せざるをえないんだ)」というようなときに、つらさを伝えるのにぴったりなフレーズになります。

表現を広げよう!

「上司が無理強いしたんだ」の別の表現を覚えよう

🏷 He pressured me into it.
彼に無理やりやらされたんだ。

「彼の圧力でせざるをえなくなった」の意味。ネガティブなイメージがあるので、主語をyouにして相手に直接言うことは避けなければいけませんが、この場合のように三人称が主語であれば、上司や年上の人に対しても、区別なく使えるフレーズです。

🏷 He coerced me into it.
彼に無理やりやらされたんだ。

coerceは「人に力づくで/無理やり~させる/強制する」の意味をもつ動詞です。coerce ~ intoには「力づくで」以外に「操ってやらせる」というニュアンスもあります。要するに「やりたくないものを強制された」のですから、ネガティブな意味合いしかありません。使える相手を選びません。

● 強制の度合い

弱 ↓ 強	
	☑ **He talked me into it.** 彼に説得されてそうした。
	☑ **He pressured me into it.** 彼に無理やりやらされたんだ。
	☑ **He coerced me into it.** 彼に無理やりやらされたんだ。

シーン 3

こんなシーンで使ってみよう

I had to take George to the airport.
ジョージを空港まで連れていかなければならなかったんだ。

What? You skipped work for that?
何だって？ そのために仕事をさぼったのかい？

Yeah, he pressured me into it.
ああ、彼に無理やりやらされたんだ。

会話のポイント！
「しょうがなかったんだ。どうすることもできなかった」は言い訳のニュアンスなので、どんな場面でも相手を納得させられるかは疑問です。信頼している友人や家族の間に限定して使いましょう。

英語ではこうなる

社会奉仕だけじゃない！

volunteer「ボランティア／志願する」

volunteerは、I volunteered at the nursing home.「私は老人ホームでボランティア活動をした」のような社会奉仕だけでなく、プロジェクトなどの責任者を募る際にAre there any volunteers for this project?のように使えます。

シーン4

It's no skin off my back.

○ 痛くもかゆくもないよ。
× 背中から皮がはがれるわけでもない。

相手が何を言おうがやろうが、自分にはまったく痛くもかゆくもないことを、相手に伝えるときの一言です。

アメリカに来るのはいいけど僕は仕事があるからかまえないぞ

勝手に観光するし！
お兄ちゃんの部屋や生活態度をこっそりチェックしてお母さんに報告するから

いいわよ

ふん
It's no skin off my back.
（痛くもかゆくもないよ）
何を見られても大丈夫さ

そう？

ちぇっビビると思ったのに

ただし
こっちに来るのは
2週間後にしてください！

……

その間にそうじを…

キーフレーズを理解しよう！

It's no skin off my back.

痛くもかゆくもないよ。

このフレーズは元々、It's no skin off my nose.直訳で「鼻の皮一枚むけない」というボクシングに由来する表現。相手のパンチが届かなければ、鼻の皮さえむけないことから、「痛くもかゆくもない」という意味です。今ではback「背中」のほうが一般的に使われるようになりました。目上の人やビジネスの場で使うのはふさわしくありません。

・・・・・・・・・・・ 発展フレーズ ・・・・・・・・・・・

It's neither here nor there for me.

取るに足らないことだよ。

「私にとってはこっちでもあっちでもない」が直訳ですが、その意味は「重要ではない」ということ。「どうでもいい／知ったことではない」という意味で、「あまり興味はない」というニュアンスになります。She's neither here nor there.「彼女は取るに足らない人だ」というように、取り上げる価値のない人に対しても使えます。

表現を広げよう！

「痛くもかゆくもないよ」の別の表現を覚えよう

That's the least of my worries.

そんなこと、全然気にしていない。

leastはlittleの最上級。「私の（数ある）悩みの中で一番小さい」が直訳。「あのことについてはどうする？ 心配じゃないの？」と聞かれて「それ以上に心配することが多いから、そんなの心配のうちには入らない／心配なんてしないさ」という意味です。

Big deal.

たいしたもんだ。

big dealには「重大事／たいしたこと」の意味がある一方、「大げさな話」という意味もあります。Big deal.「たいしたもんだ」と皮肉を込めた一言は、I don't care at all.「どうでもいい」と同じニュアンスです。

I couldn't care less.

どうでもいいよ。

直訳は「これ以上少なく心配できない」➡「最上級に気にかけない」。すなわち「どうでもいい／知ったこっちゃない」ということです。「まったく歯牙にもかけない」という気持ちを表しているので、相手に対しては失礼になる場合があります。

こんなシーンで使ってみよう

Is Jack here?
ジャックはいる？

He said he doesn't want to spend time with us.
私たちと一緒にいたくないんだって。

Well, I couldn't care less.
わかった。どうでもいいや。

会話のポイント！ こちらのことをよく思っていない人に対して「何と思おうとどうでもいい」とあまり気にしていないふうですが、実は気になっていて「こっちだって彼のことは嫌いなんだから」という含みがあります。

QUIZ

（ ）に入るのはどっち？

You have a （　　）skin.「批判に敏感である」

① thin　② thick

skinには「皮」の意味もあります。You have a thin skin.「薄い皮をもっている」➡「批判に敏感だ」となります。ちなみにYou need to have a thick skin.なら「面の皮を厚くしなくちゃ」という意味。

[答え] ①

シーン5

Don't be a wet blanket.

○ しらけさせるなよ。
× 濡れ毛布にはなるなよ。

いわゆる空気が読めない人がいます。せっかく盛り上がっていた話の勢いをそぐような人をたしなめるには、ピッタリのフレーズです。

一番点数低かったお前の負け！
好きな子の名前言っちゃえよー！

や、やだよ…

おいおい！
Don't be a wet blanket.
(しらけさせるなよ)
盛り上がってんのに

…

彼が困ってる…
友達として助け舟を
出さねば！

代わりに僕が言おう‼
僕が好きなのは山田あお…

お前は言わんでいい
皆知ってる

キーフレーズを理解しよう！

Don't be a wet blanket.

しらけさせるなよ。

　燃え盛る炎を消す方法は、水に浸した毛布を覆いかぶせること。そんなありがたい火消し役の濡れ毛布（wet blanket）を、盛り上がっている雰囲気をぶち壊したり、皆で進めている計画に水をさしたり、いわゆる場をしらけさせる人に使います。「今そんなことを言うなよ／しらけさせるなよ」は仲間内にはピッタリなカジュアルな表現です。

発展フレーズ

Don't be a party pooper.

空気読めよ。

　a party pooperは「場をしらけさせる人／その場の空気が読めない人」の意味で、この人が参加したらパーティは盛り上がりません。He's a party pooper. なら「彼が来ると面白くないよ」の意味。「そんなparty pooperになるなよ」という一言です。ちなみにpooはうんちのこと。親しい友人どうしで使うカジュアルな表現です。

PART 3 日常フレーズ〈上級〉

表現を広げよう！

「しらけさせるなよ」
の別の表現を覚えよう

Don't be a stick in the mud.
雰囲気ぶち壊すなよ。

to stick in the mud「泥にはまる」が由来のこのフレーズは「泥の中の棒になるな」が直訳。泥の中の棒は自由に動かすことができません。その様子が「新しいことを嫌う頭の固い人間」やスムーズに動けない「のろのろ動く人」を表しています。すなわち面白味のない人間。仲間内なら使えるフレーズです。

Don't spoil it for everyone.
台なしにするなよ。

spoilは食べ物なら「腐らせる」、雰囲気なら「台なしにする」ことで、「皆のためにそれを台なしにするな」が直訳。楽しいパーティの雰囲気を壊しにかかる人に「これは皆のためだ。そんなことをすれば皆がつまらなくなるんだからな」ということです。上から目線の一言です。

Don't be a sourpuss.
不機嫌な顔をするなよ。

皆でせっかく楽しんでいるのに、「どうしてアイツはいつもああなんだ？」と言われる人が必ずいます。不満を言わなければ気がすまなかったり、何か陰気くさい顔をしていたり…sourpussとはそんな人。sourには「不機嫌な」の意味があります。これも上から目線です。

こんなシーンで使ってみよう

Are we going to have food at the party?
パーティに何か食べ物を持っていこうか？

No, it costs too much.
いよ。お金がかかるからね。

Don't be a stick in the mud.
雰囲気ぶち壊すなよ。

> **会話のポイント！**
> 場の雰囲気をわきまえない人はいるもの。そんな人を注意するフレーズはいろいろありますが、Don't be〜「〜の人になるな」は、その行為ではなく、人となりを批判したニュアンスなので乱用は禁物です。

とっさのワンフレーズ

Just bring yourself.
手ぶらで来てね。

パーティにはさまざまな種類があります。友人に「手ぶらで来てね」と伝えるならJust bring yourself.を使います。slumber party「パジャマパーティ」は、若い女の子たちが誰かの家に集まって寝ずのガールズトークを楽しみます。

シーン 6

You hit the nail right on the head.
○ 図星だね。／そのとおり！
× 君はちょうど釘の頭を叩いている。

会話の中で「図星だね」「まさにそのとおり！」という場面では、ただ、「Yes, yes」ではなく、話を進めるためのもっと的を射たフレーズを使いましょう。

やっとついた～！

僕タクシー捕まえてくるね

ここへは何しに？

ショッピングと自然観光と美術館巡りが目的よ！

本当はお兄さんに会いたくて来たんでしょ？

ちっちがうわよ！あんな兄貴なんか！

何話してるの？

なんでもないわよバカ兄貴！

You hit the nail right on the head.
（図星をついたね）

キーフレーズを理解しよう！

You hit the nail right on the head.

図星だね。／そのとおり！

　金づちで釘を打ち込む場面を想像してみましょう。振りおろす金づちの角度が少しでもずれれば、釘（nail）の小さな頭は打てません。そこに正確に当てられるから「図星／核心をついている」となるのです。カジュアルな場面で「ビンゴ！」と言いたいときや、また会社の会議で「そのとおりです」と言いたい場面でも使えるフレーズです。

・・・・・・・・・・・・ 発展フレーズ ・・・・・・・・・・・・

Bull's eye!

いいね！

　Bull's eye「雄牛の目」はダーツなど標的の中心部を表し、「大当たり／命中」➡「的を射た言葉や行為」を意味します。誰かがあなたの悩みや困りごとに的確な助言や解決策を与えてくれて「それはいい！」と思ったら、Bull's eye! That was the solution. Thanks.「いいね！　いい解決策だ。ありがとう」と言ってみましょう。

ステップアップ 表現を広げよう!

「図星だね/そのとおり!」の別の表現を覚えよう

🏷 That's exactly right.
まったくそのとおりです。

That's right. は「そのとおり/合っている」の意味ですが、「図星」にまでは至っていません。そこでexactly「ピッタリ/まさしく」をつけることで、「そう、そのとおり!/まさしく図星だ」というニュアンスがしっかり表せます。definitely「明確に/無条件に」でもOK。

🏷 You're absolutely right.
まったくあなたの言うとおりです。

「あなたは正しい、間違いないね」ということ。意見の正しさには程度があります。You're right in a way. 「あなたは、ある意味正しい」は全部を認めているわけではありませんが、absolutelyは「絶対的な正しさ」を表しています。

🏷 You got it!
そのとおり!

このフレーズはさまざまな場面に対応できます。「君は理解したね」→「そのとおり、わかっているね」というカジュアルな言い方です。また「お願い」と頼まれた場合には「了解。わかった」という意味でも使えます。

シーン **6**

こんなシーンで使ってみよう

That was a terrible movie.
ひどい映画だったね。

I know. You're absolutely right.
そうよね。まったくあなたの言うとおりよ。

It was a big waste of money.
まったく大損だよ。

会話のポイント！ A「ひどかったねえ」、B「そうだね」という会話はよくあります。ここでBが賛成したのは「ひどい映画だった」と発言したAに対して。主語を人間にすると、相手への共感を強く表せます。

英語ではこうなる

猟犬の勘違い?!

You're barking up the wrong tree. 「お門違い／見当違い」

「図星」とは反対に、的はずれを指摘する場合に使うのが、You're barking up the wrong tree. です。これは「猟犬が獲物を木の上に追い詰めたが、間違って別の木に向かって吠えている」イメージで、そこから「お門違い／見当違い」という意味になります。

PART **3** 日常フレーズ〈上級〉

シーン7

I wasn't born yesterday.
〇 そんな世間知らずじゃないよ。
✕ 昨日生まれたんじゃないよ。

相手の無礼な発言に対して「それはちょっとないんじゃないの？」と思うことがあります。受け流すべきではないと思うときに伝える角が立たない一言です。

外国人って今の日本にも普通に忍者や侍がいると思ってたりするらしいわね

マイクもそんなふうに思ってた？

失礼な
I wasn't born yesterday.
（そんな世間知らずじゃないよ）

さすがにそこまで勘違いしてないか

そんなふうに言って今現代にいる忍者の存在を隠そうとしてるんだろ？大丈夫　誰にも言わないよ

思い切り勘違いしてるな…

忍者なんていないよー

キーフレーズを理解しよう！

I wasn't born yesterday.

そんな世間知らずじゃないよ。

「この古いパソコンを買えっていうの？ 失礼な！ なめてもらっては困るよ」。昨日生まれた赤ん坊は、「まだ何も知らない／未熟／だまされやすい」 ➡ 「世間知らず」となります。「そんなこと知っているよ、私を何だと思っているの？」のニュアンス。Do you think I was born yesterday? 「私が世間知らずだとでも思っているの？」でもOK。

・・・・・・・・・・・ 発展フレーズ ・・・・・・・・・・・

I'm not that naive.

そんなにバカじゃないよ。

カタカナ英語の中には、本来とは違う意味で定着し、誤用されやすい言葉があります。naiveも「繊細で傷つきやすい」というイメージがありますが、実は「おバカな／だまされやすい」の意味。ほめたつもりでYou're naive.と言えば、相手から、I'm not that naive.「そんなにバカじゃない／だまされないよ」と返されてしまいます。

PART3 日常フレーズ〈上級〉

ステップアップ 表現を広げよう!

「そんな世間知らずじゃないよ」の別の表現を覚えよう

🔖 Do I have stupid written on my back?
私をそんなにバカだと思う？

誰かの背中に「バカ」と書いた紙が貼られているとしたら、その人はからかわれ、いじめられていることになります。背中に貼られた紙は本人には読めません。あきらかに皆からバカにされているイメージ。非常に怒っているときに使えるフレーズです。

🔖 Am I dumber than I look?
私がバカだっていうこと？

dumb blonde「頭の弱い金髪美人」はステレオタイプ的な女性を表すフレーズです。dumberはその比較級で、直訳は「バカに見える以上に私ってバカ？」。「バカに見えるのはわかっているけど、それ以上に私がバカだということ？」と、相手を責める怒りの表現です。

●怒りの度合い

弱 ↓ 強	
☑ **That's not very nice.** ちょっとそれは失礼ですね。	
☑ **Am I dumber than I look?** 私がバカだっていうこと？	
☑ **Do I have stupid written on my back?** 私をそんなにバカだと思う？	

シーン7

こんなシーンで使ってみよう

I have to buy a new computer.
新しいパソコンを買わなくちゃ。

You can buy my old one for just 2,500 dollars.
僕の古いパソコンなら2,500ドルで買えるよ。

Do I have stupid written on my back?
私をそんなにバカだと思う？

会話のポイント！ 自分をだまそうとしていることに対する怒りがあります。自分を甘く見ている、バカだと思っている人に対しては、「バカではない」ことをハッキリ告げる姿勢を見せましょう。

PART3 日常フレーズ〈上級〉

とっさのワンフレーズ

He's still green.
彼は青二才だ。／ひよっこだ。

まだまだ未熟な人のことをHe's still green.「青二才／ひよっこ」と表します。greenは「青々とした」とともに「世間知らずの／未熟な」の意味もあり、He's immature.と同じです。

シーン 8

My sister is the black sheep of my family.

○ 妹は家族の厄介者なんだ。
× 妹は家族の黒い羊なんだ。

どんな家族や組織の中にも「厄介者」はいるものです。それが事実でも、あまりに直接的な言い方ではなく、それとなく意味が伝わるフレーズを紹介します。

翔太さんには かわいい妹がいて 羨ましいわ

こいつ猫かぶってる だけですよ
My sister is the black sheep of my family.
（妹は家族の厄介者なんです）

「ああ麗しの君 蒼玉石のような その瞳には…」

え？

ワーッ！

あっちにおいしそうな ケーキ屋がある！ 行きましょう！

ええ…

くう〜どうして 僕の秘密のポエムを 知ってるんだ

ニヤ ニヤ

だめよ大切な物を ベッドの下なんかに 隠しちゃ

キーフレーズを理解しよう!

My sister is the black sheep of my family.

妹は家族の厄介者なんだ。

There is a black sheep in every flock. は「どんな群れにも厄介者はいる」という意味です。羊は元来白いもの。群れの中にポツンと黒い羊がいれば、いやでも目立ちます。そのうえ、黒い羊（black sheep）の毛は白い羊と違い、商業的にも価値が下がるとか。そんなところから「厄介者／もてあまし者／面汚し」という意味になります。

発展フレーズ

My sister is the outcast of my family.

妹は家族に見放されているんだ。

outcastはout「外へ」とcast「投げる」からきた言葉です。形容詞では「社会から見捨てられた／のけ者にされた」、名詞では「のけ者／捨てられた者」の意味で、妹は家族の中で見放された存在となります。理由もなく孤独を感じたとき、I feel like an outcast. の一言で、あなたが取り残されたように感じていることをよく表しています。

PART 3 日常フレーズ〈上級〉

ステップアップ 表現を広げよう!

「妹は家族の厄介者なんだ」
の別の表現を覚えよう

🎒 My sister is a loser.
妹はダメなやつなんだ。

loserといえば、winner「勝者」に対して「敗者/負け犬」のこと。ただ負けているだけでなく、皆から拒否され、冷たい扱いを受けている「ダメなやつ」という意味もあります。スラングに分類される表現ですが、さまざまな場面で使われます。

🎒 My sister is a disgrace.
妹は家族の恥なんだ。

My sister is a disgrace to our family. を短縮したもの。grace「優雅/品位」の反対語disgraceは「不名誉/恥辱」のことで「家族の顔に泥を塗る」という意味。disgraceをan embarrassment「厄介者」に置き換えることもできますが、disgraceのほうが、家族に対する傷が深く、より問題の深刻さがうかがえます。

●迷惑の度合い

低 ↓ 高	
低	☑ **My sister is a loser.** 妹はダメなやつなんだ。
	☑ **My sister is the troublemaker of my family.** 妹は家族のトラブルメーカーだ。
高	☑ **My sister is a disgrace.** 妹は家族の恥なんだ。

こんなシーンで使ってみよう

I didn't invite Linda to my birthday party.
僕の誕生日パーティにリンダは招待していないんだ。

Why not?
どうして招待しなかったんだい？

I can't. She's a loser.
できないよ。彼女はダメなやつなんだ。

> **会話のポイント！**
> 「ダメなやつ」はいるものです。理由はあるかもしれませんが、それをいちいち説明すれば、こちらの人格まで疑われかねません。loserの一言ですませるのがスマートなやり方です。

Quiz （　）に入るのはどっち？

I have （　　　）eyes.「私は瞳の色は黒です」

①black　②dark brown

黒髪・黒目が日本人であることは世界の常識ですが、black eye は「パンダの目」のことで、殴られたり、ぶつけてあざができた目のこと。瞳の色を説明するなら、brown eyes とか dark brown eyes がよいでしょう。

［答え］ ②

Speak of the devil.

○ 噂をすれば影。
✕ 悪魔の話をして。

タイミングがいいのか悪いのか、ある人の話をしていると、その人が姿を現すという現象は世界共通のようです。そんなときに使えるフレーズです。

そういや翔太って新入りはどんなやつだ？

よくお面をつけて踊ってるな

は？

そしてお菓子を口いっぱい詰め込んでる

というか詰め込まれている

ええ？

ん…

何なんだそいつ あんま関わりたくないな…

あれ？スミス君！

うわっ
Speak of the devil.
（噂をすれば影だな）

キーフレーズを理解しよう！

Speak of the devil.

噂をすれば影。

　その場にいない人の話をして当の本人が姿を現し、「わっ、来た！」という場面でピッタリな表現。Speak of the devil and he will appear.「悪魔の話をすると、必ず現れる」を略した形で、日本語の「噂をすれば影がさす」と同意の迷信と言われています。We were just talking about you.「ちょうど君の話をしていたところだ」も同様。

・・・・・・・・・・・　発展フレーズ　・・・・・・・・・・・

Well, if it isn't ～!

あれ、ひょっとして〜じゃない！

　「噂をすれば影」と同様に、「あれ、ひょっとして〜じゃない！」となる場面に出くわすことがあると思います。現れるはずのない人や、話題の人が目の前に現れたら驚くでしょう。そんなときに使えるのが、Well, If it isn't～!です。Well, if it isn't Dave!「あれ、デイブじゃないか！」のように突然友人に出会った状況にピッタリなフレーズです。

PART 3 日常フレーズ〈上級〉

ステップアップ 表現を広げよう!

「噂をすれば影」
の別の表現を覚えよう

We were just talking about you.
ちょうど君のことを話していたんだ。

ちょうど話をしていたところに当の本人が姿を現すという現象は、世界中どこでも起きるようです。「ちょうど君のことを話していた」のは楽しい噂をしていたのか、悪い噂をしていたのか…、どちらにも使える表現です。あなたの口調や表情で違いが出ます。

Look what the wind blew in!
わぁ、君かぁ！

「開けた窓から一陣の風とともに入ってきた」という状況を思い描くとわかりやすいでしょう。思いもかけぬ人がひょっこり姿を現したイメージです。特にしばらく会っていない人がパーティなどにやってきたときに使える表現で、カジュアルなフレーズです。

Well, look who's here!
うわぁ！　誰かと思えば！

「誰がここにいるのか見てごらん」が直訳。パーティ、レストラン、銀行など、場所はどこでもいいのですが、思いがけない人に出くわしたとき、あるいは懐かしい顔を見つけたときなどに使う決まり文句で、誰に対してでも使える表現。感情を込めて言いましょう。

シーン9

こんなシーンで使ってみよう

Hey, everyone! I'm here!
皆さん、こんにちは！ ただいま！

Well, look who's here!
うわぁ！ 誰かと思えば！

I just got back from France. It's good to see everyone.
フランスから帰ってきたばかりなんだ。皆さん、どうも。

> **会話のポイント!** とっさの一言は日本人にはハードルが高いかもしれませんが、Look who's here!のように文法的にもわかりやすくコンパクトなフレーズであれば、理解しやすく、覚えておくのも簡単です。

英語ではこうなる　木を叩くとよいことが起こる？

Knock on wood.「よいことが起きますように」

幸運を祈る言葉はさまざま。Knock on wood.「木を叩く」は「よいことが起きますように」と願う言葉です。また両手の人指し指に中指を重ねてI'll keep my fingers crossed.は「幸運を祈っているね」の意味。日本人にはない感覚ですね。

PART 3 日常フレーズ〈上級〉

シーン 10

Are you up for a movie?

〇 映画なんかどう？
✕ 映画に向けて起きてる？

人を誘いたいときに、相手に気持よくYes.と言ってもらえる、主にプライベートで使えるフレーズです。

今日はどこ行こうかな？

昨日美術館巡りで歩きすぎたから今日はのんびり過ごしたいわ

Are you up for a movie?
（映画なんかどう？）

安いし上映中に観客がワイワイいったり日本との雰囲気の違いも楽しいよ

いいわね！じゃあこれ見ましょ

『チョコレートの歴史』

大作5時間!!

あーえっとやっぱベースボールの試合見に行こう！

キーフレーズを理解しよう!

Are you up for a movie?

映画なんかどう？

　Are you up for ～?は「～したい気分？／～する気はある？」という意味で、よく誘い文句で使われる表現です。Are you up for a bite／a drink? なら「食事でもどう？／一杯どう？」となります。逆にそういう相手から誘われて、気乗りがしないときにはI'm not up for it.「そんな気になれない」と返します。

・・・・・・・・・・・　発展フレーズ　・・・・・・・・・・・

How does a movie grab you?

映画なんかどう？

　「映画はどうやってあなたを捕まえるの？」が直訳。grabは「引っつかむ／ひっ捕らえる」の意味で「深く考えず、パッと考えてパッとつかむ」イメージ。How does a movie grab you? は、何も考えずに簡単に返事がほしいときのたずね方です。「心の準備」のニュアンスがあるAre you up for ～?と、ほとんど意味が変わりません。

ステップアップ 表現を広げよう!

「映画なんかどう？」
の別の表現を覚えよう

Can I talk you into a movie?

一緒に映画を見にいってくれない？

talk ~ intoは「~を説得する」を意味するときはネガティブなニュアンスがありますが、「ほかにやりたいことがあるかもしれないけど…」という含みがあるときは、強制の意味はまったくありません。その違いは口調や表情によって区別します。

Would you care to see a movie?

映画を見るのはいかがでしょうか？

Would you care to ~?は人を誘う場合の丁寧な表現です。これならどこで使っても間違いはありません。Would youを取ってCare to ~?にすれば同じ誘い文句でありながら、堅さがなく気軽に使える表現になります。Care for a drink?「一杯どう？」のようにcare forも使い勝手のよいフレーズです。

Who wants to see a movie?

映画見たい人いる？

このフレーズは、以前は、複数の人に誘いかけるイメージでしたが、今ではひとりの相手にも気軽に使える表現になっています。同じニュアンスのWho's up to see a movie?もネイティブにはおなじみの表現です。

シーン 10

こんなシーンで使ってみよう

Would you care to see a movie?
映画を見るのはいかがでしょうか？

Sure!
もちろん！

Why don't we invite Karen?
カレンも誘ってみましょうか？

会話のポイント！ 人を誘うときは、まず相手の都合を確かめることから始めます。都合が合えば誘いの言葉を。Would you care to ～? というフレーズはビジネスシーンでも、親しい友人どうしでも使えます。

PART 3 日常フレーズ〈上級〉

とっさのワンフレーズ

Count me in.
私も入れて。

Who's up for a movie?「誰か映画を見にいかない？」と皆が話しているとき、行きたいなら、Count me in. と言います。「私を数に入れて」➡「私も入れて」となります。I'd love to go.「絶対行きたい」でさらに積極的な気持ちをアピールできます。

I'm on cloud nine.

○ 天にも昇る気持ちだ。
× 9番目の雲に乗っている。

I'm very happy. でもいいけれど、この幸せな気持ちをもっと正確に伝えられる簡単なフレーズがあります。どれが今のあなたに一番ピッタリでしょうか？

ごちそうさまでした！

はぁ！
毎日おいしいごはんと観光地巡り！
I'm on cloud nine.
（天にも昇る気持ちだわ）

体重的には地に埋まる感じだけどな

ケイトさんデザート何にする？

えっと私は…

キーフレーズを理解しよう!

I'm on cloud nine.

天にも昇る気持ちだ。

「どん底」と言えば、最悪に落ち込んだ気持ちを表します。その逆に、雲に乗れば地に足がつかないほど浮き立ちます。I'm more than happy. I'm on cloud nine.「幸せどころではない。もう天にも昇る気持ちだ」のように使います。cloud nineには諸説ありますが、最も上空に発生する入道雲のことだと言われています。

―――――――― 発展フレーズ ――――――――

I'm walking on air.

夢見心地です。

「空気の上を歩いている」とは、うれしさのあまり、舞い上がっている様子を表す一言で、有頂天になるなど、幸せの絶頂にいる状態です。I'm walking on egg shells.「卵の殻の上を歩いている」は、「いつ割れるか心配」➡「ドキドキしている」ことを表します。どこを歩くかの違いで、気分はこんなに違うものです。

表現を広げよう!

「天にも昇る気持ちだ」の別の表現を覚えよう

I'm beside myself with joy!
うれしくって仕方がない！

beside oneselfは「自分自身の隣にいる／自分自身からはずれている」で、「本来の自分ではない」➡「我を忘れて」となり、ちょっと気が利いたフレーズです。I was beside myself with anger.「怒りに我を忘れた」のように怒りや悲しみも表せます。

I'm on the top of the world.
最高に幸せ。

恋する女性の喜びを歌った『top of the world』というタイトルの歌があります。「私は今、世界の頂上にいる」と言うのですから、その幸福度は他の追随を許さないほどに高いのでしょう。「最高に幸せ／有頂天」という訳がピッタリのフレーズです。

I'm in seventh heaven.
このうえなく幸せな気分。

seventh heavenは「至福」の意味。英語には聖書を出典とした表現が多く、これもその一つと言われています。諸説ありますが、神が世界を7日で完成させたなど、7は特別な数字とされています。そんな至福の天国にいるのであれば、もう最高の気分でしょう。

シーン11

こんなシーンで使ってみよう

Did you hear? Mary is going to have a baby!
聞いた？ メアリーに赤ちゃんができたんだ！

That's great news! You must be really happy.
すごいニュースじゃない！ あなたもうれしいでしょうね。

I am. I'm beside myself with joy!
うれしいよ。うれしくって仕方がないさ！

会話の
ポイント！
我を忘れるほどうれしいときは誰にでもあること。I'm happy. だけでは表しきれない喜びを、たまには大げさなくらいの表現で伝えることもよいでしょう。

PART3 日常フレーズ〈上級〉

英語ではこうなる

夕方5時になったら帰ります！

She's a nine-to-fiver.「残業しない人」

She's a nine-to-fiver. で「9時から5時まで働く人」➡「残業しない人」、I'm just a nine-to-fiver. なら「平社員」です。このように数字を用いたビジネスで使える表現はほかにもあり、Give me five! なら「ハイタッチ」のこと。

シーン 12

I have better things to do.

○ するのはいやだよ。
△ ほかにもっとやるべきことがあるよ。

「こんなこと、今するべきことじゃない」。ほかに山ほどやるべきことがあるのに、こんなことはしたくないという気持ちをきっぱりと伝える表現です。

I have better things to do my homework.（宿題するのはいやよ）
せっかくアメリカまで来てるのに！

予定より長く居座ってるせいで家帰ったらすぐ大学だろ？

PC貸してやるからレポート片づけちゃえよ終わったらチョコ買ってやるから

仕方ないなー

その間僕らは街へ遊びに行きましょう

ええ

速攻で終わらせる

おいゆっくりやっていいからな！

キーフレーズを理解しよう！

I have better things to do.

するのはいやだよ。

「ほかにもっとするべきことがあるよ」が直訳で、そのままでも意味が通じる一言。評判のパン屋さんの店先で開店前から並ぶことは、今、私がするべきこと？ Is it that important?「そんなに大切？」、そんな時間があるならもっと大切なことがあるはず。それほど深刻な場面でなくても「そんなことするのはいやだ」という気持ちを表すことに使えます。

発展フレーズ

What a drag.

面倒くさいなぁ。

「足を引きずる」という意味を表すdragは、名詞では「足手まとい」のほかに「うんざりするもの／面倒なこと」などを表します。いやなことをするときは何となく気持ちが乗らず、歩みもズルズル、全然前に進まないことでしょう。What a drag.はネガティブなニュアンスの強い表現なので、目上の人には避けたほうがよいでしょう。

PART 3 日常フレーズ〈上級〉

表現を広げよう!

「するのはいやだよ」
の別の表現を覚えよう

🔖 Do I have to just sit around?
ただ、ここに座っていろと言うの？

Do I have to just ～?は「～さえしていればいいの？」という意味で、「ほかに重大なことはないの？」ということ。「僕はそんなに暇じゃないよ／そんなことには飽きたよ」と手持ち無沙汰の様子を表しています。少し上から目線の一言です。

🔖 I can't stand here and burn daylight.
永遠に待たせる気？

「ここでただ突っ立って、昼間に明かりを灯しているわけにはいかない」という意味。burn daylight「昼間に明かりを灯す」➡「何の役にも立たない不要なこと」を意味しています。ニュアンスとしては「ここで永遠に待たせる気か」という上から目線の一言です。

🔖 Don't waste my time.
私の大切な時間を無駄にしないで。

直訳そのままの意味です。このフレーズは、真意を隠そうともせずに相手に直接自分の気持ちをぶつけるストレートな言い方です。当然和気あいあいのフレーズではありません。

シーン **12**

こんなシーンで使ってみよう

What?! You forgot your ticket?
えっ?! チケットを忘れちゃったの?

Wait here while I go back to my house and get it.
家に帰って取ってくるまでここで待っていてよ。

Don't waste my time.
私の大切な時間を無駄にしないでよ。

会話のポイント! 「時は金なり」を信条としていれば、時間の無駄遣いを強いられるのは受け入れがたいもの。「そんなに暇じゃない」が具体的に強調されたフレーズは「勘弁してよ」の気持ちがよく表れています。

とっさのワンフレーズ

I have better things to do than ~.
~よりやりがいがある。

『トランスフォーマー』(1987年)でのブルース・ウィリスのセリフ。I've got better things to do tonight than die.「今夜、俺は死ぬよりもずっとやりがいのあることを見つけたぜ」。このようにthan~をつければ、表現が広がります。

PART **3** 日常フレーズ〈上級〉

シーン 13

Let's keep in touch.
○ 連絡を取り合いましょう。
× 接触した状態を保っていましょう。

またすぐに会える人から、もしかしたら二度と会えないかもしれない人まで。
Good bye.以外にも「さようなら」にはいろいろな言い方があります。

Let's keep in touch.
（連絡を取り合いましょう）

ええ

AIRPORT

ん？ 誰だその子たち

観光中に出会ったの
皆チョコ好きってんで
意気投合しちゃって！

キャッ キャッ

葵がたくさん
いるようだ…

見てるだけで胃が
痛くなってくるな

キーフレーズを理解しよう！

Let's keep in touch.

連絡を取り合いましょう。

たとえ二度と会えなくても、現代社会なら、気持ちさえあればずっとつながっていることができます。メール、フェイスブック、ツイッターなど手段はさまざま。keep in touchでつながっている状態を表します。カジュアルやビジネス、どんな場面でも使える定番表現です。あなたから「連絡を取る」のであればget in touch。覚えておくと便利です。

・・・・・・・・・・・・・・・ 発展フレーズ ・・・・・・・・・・・・・・・

Don't be a stranger.

離れ離れになっても連絡を取り合おうよ。

直訳は「他人にならないで」➡「疎遠にならずに連絡を取り合おう」となります。久しぶりに会った友人には、It's been a long time.「久しぶり」が定番表現の一つですが、a strangerも「久しく見かけなかった人」の意味でよく使われます。Hello, stranger!「しばらく、久しぶりだね」という親しみを込めた表現も覚えておきましょう。

PART3 日常フレーズ〈上級〉

表現を広げよう！

「連絡を取り合いましょう」
の別の表現を覚えよう

Keep me abreast of things.
これからもあなたのことを知らせてね。

be abreast of ~は「（最新の事情などに）遅れない／ついていく」という意味です。Keep me abreast of things.は「（あなたのことがこの先も気になるので）これからもあなたのことを知らせてね」となります。これは目上の人が目下の人に使うフレーズです。

Keep me up to date on everything.
そのつど連絡をください。

up to dateは「最新の（状態）」なので「すべてについて私を最新の状態にしておいてね」➡「そのつど私に連絡を入れてね／進捗状況を知らせてね」という意味になります。

Let's not lose touch.
連絡が途切れないようにしようね。

keep in touch「連絡を取り合う」とほぼ同じ意味。その表現をあえてnot lose「失わない」という否定を使うことで、関係を維持し続けたいという気持ちがより強調できるのです。英語ではよくある言い回しのパターンで、いろいろな別れのシーンで使えます。

シーン **13**

こんなシーンで使ってみよう

I had a good time with you.
とても楽しかったよ。

Me, too. I hope to see you again someday.
私もよ。またいつか会いたいな。

Let's not lose touch.
連絡が途切れないようにしようね。

> **会話のポイント！** お別れするときは、共に過ごした時間に対する感謝と、再会を約束する言葉が大切です。また、たとえ二度と会えない人だとしても、「連絡が途切れないように」と一言述べるのはエチケットでもあります。

英語ではこうなる — 休息＝距離を置くこと…？

I think we need a break.「しばらく距離を置こう」

別れの言葉もたくさんあります。このフレーズのbreakは「2人の関係からの休息」のニュアンス。ほかにはYou go your way, I'll go mine.「お互い別々の道を行きましょう」もよく使われます。

PART **3** 日常フレーズ〈上級〉

日常会話で使える
ことわざフレーズ③

人生の機微、社会で生きていくための知恵やマナーを教えるのもことわざです。それによって、私たちは人生のレッスンを簡単に学ぶことができるのです。

シーン1

Hey, what a dress! It makes you look so old!
どうしたの、何てドレスなんだ！ 老けて見えるよ！

Familiarity breeds contempt.
「親しき仲にも礼儀あり」でしょ。

「親しさは軽視／侮蔑を生む」が直訳です。親しくすればするほど、相手はこちらの気持ちを理解してくれるだろうという甘えが出てきます。しかし、たとえ親しい人であろうとも、親しい人であればこそ、節度や礼儀が必要であるということです。

シーン2

You finished cleaning up your apartment before moving out.
引っ越す前にアパートの片づけをしたんだね。

It's an ill bird that fouls its own nest.
「立つ鳥跡を濁さず」だよ。

「自分の巣が汚い鳥はよい鳥ではない」のたとえどおり、引き際や去り際はきれいでいたいもの。「二度と戻らなくても、一点の汚れも残さず、きちんと身仕舞いを整えて巣立って行く」という意味。「後は野となれ山となれ」というわけにはいきません。

PART 4
ネイティブが使う気の利いたフレーズ

PART4では、さらに気の利いたネイティブならではのフレーズを紹介します。これを使えれば英会話上級者に思われること、間違いなしです！

シーン1

I could eat a horse.

○ おなかぺこぺこ。
× 馬だって食べられた。

「おなかがすいた」も、「小腹が減る」から「おなかがすいて死にそうだ」までいろいろです。自分の空腹の度合いを相手に正確に伝える表現を覚えましょう。

そういえば今日葵たち帰ってくるのよね

こんなに長く離れることはなかったし、きっと「お母さん寂しかったー」とか言って飛びついてくるわ

おかぁさーん

ウフフ

ただいまー

ガチャ

お帰り葵、マイク

I could eat a horse.
（おなかぺこぺこ～）
なんかない？

あんたって子は…

これおみやげ

ドカッ

キーフレーズを理解しよう!

I could eat a horse.

おなかぺこぺこ。

「空腹の極限状態」を表したフレーズです。これは「馬だって食べられた」という意味ではなく、「馬だって丸々1頭食べられそう」と言いたいほどの空腹を大げさにした比喩です。現実にはありえないことなので仮定法過去で表しています。なお、このフレーズの前には、I'm so hungry.／I'm starving.の意味が省略されています。

発展フレーズ

I've got the munchies.

小腹が減った。

これもまた、空腹の度合いを伝える表現の一つです。おなかペコペコというほどでもないのに、何か、特にお菓子が食べたいというときのフレーズで、日本語でいう「小腹が減った」のニュアンスです。munchiesはスラングで、「軽食／おやつ」の意味のほかに「空腹感」の意味があります。仲間内や家族など親しい人どうしで使うカジュアルな表現です。

PART 4　気の利いたフレーズ

ステップアップ 表現を広げよう!

「おなかぺこぺこ」
の別の表現を覚えよう

🏷 I'm starving.
おなかがぺこぺこだ。

「おなかがすいた」にも程度があります。I'm hungry. よりちょっとすいていればI'm starving.「(死にそうなほどではないけれど) 何か食べたい」ということ。さらにI'm starving to death. で「空腹でもう死にそう」となります。

🏷 My stomach is growling.
おなかが鳴っている。

growlは「雷がとどろく」という意味で、グーグー鳴ることを表しています。このフレーズは、「おなかがすいた」というよりも「おなかが鳴っているから、何か食べましょう」というニュアンスです。

●空腹の度合い

小 ↓ 大	
	☑ **I'm peckish.** 小腹が減った。
	☑ **My stomach is growling.** おながが鳴っている。
	☑ **I'm hungry.** おなかがすいた。
	☑ **I'm starving.** おなかぺこぺこだ。
	☑ **I'm starving to death.** 空腹でもう死にそうだ。

シーン **1**

こんなシーンで使ってみよう

Have you had lunch yet?
もうお昼ごはん食べた?

No, I haven't. My stomach is growling.
ううん、食べていないわ。おなかが鳴っているもの。

How about going to lunch together?
一緒にお昼ごはん食べにいかない?

会話のポイント！ お昼ごはんを食べていないのであれば、ただ食べていないだけでなく「おなかが鳴る」の一言で会話が生き生きしてきます。それを聞いた人がHow about ～?と食事に誘うことで会話が一歩前進します。

英語ではこうなる

馬は英語とウマが合う！

back the wrong horse「判断を誤る」

馬にまつわるフレーズはたくさんあり、判断を誤ることをback the wrong horse「間違った馬に賭ける」と表します。ほかにはbeat a dead horse「死んだ馬に鞭を入れる」➡「無駄骨を折る」などがあります。

PART **4** 気の利いたフレーズ

シーン 2

What do you know?!

○ わぁ、すごいですね！
△ あなたは何を知っているの？

「知らなかった！／驚いた！」その驚きを素直に表すのに便利な表現ですが、口調や表情で意味が変わってくることも覚えておきましょう。

キーフレーズを理解しよう！

What do you know?!

わぁ、すごいですね！

驚きとうれしさの両方を表せる一言です。とても上品な響きがあり、「これはすごいですね」というニュアンスです。ただ、What do YOU know?!のようにYOUを強調して言うと「何を知っているというの？」➡「あなたには言われたくない」の意味になります。同じ表現に異なった意味がある場合は、表情や口調によって相手は判断できます。

PART 4 気の利いたフレーズ

発展フレーズ

Well, I'll be.

わぁ、驚いた。

Well, I'll be damned if this is true.「これが本当なら地獄に落ちてもいい」を省略したWell, I'll be.のほうがカジュアルな場面で使われます。地獄のイメージから、悪いことばかりに使われそうですが、実際にはよい意味での「驚き」を表す場面でよく使われます。ただし、ビジネスの場面では避けたほうが無難です。

ステップアップ 表現を広げよう!

「わぁ、すごいですね!」の別の表現を覚えよう

You don't say?
まさか!

驚きを表し、Really?と同様に、日常からビジネスにまで使える便利なフレーズです。ただし、たいして驚いてもいないのに、「はぁ、そうですか」のように皮肉を込めて使うこともあります。誤解されないように驚きの気持ちをしっかり込めましょう。

Well, I'll be a monkey's uncle!
ええ、すごいじゃない!

「ええ!(ということは)僕ってサルのおじさんになるんだ!」は、まるでダーウィンの進化論に異を唱える人の言葉。もちろん、このフレーズはそうした変な意味ではなく「そりゃあ、すごいなぁ/信じられないなぁ」という意味で使います。

Get out of town!
信じられない!/それって本当?

「街から出ていけ」がなぜこの意味で使うかは不明ですが、「彼、宝くじが当たったんだって!」のように、初めて耳にしたことに対する驚きを表す一言で、「マジ? うらやましいなぁ」という意味。くだけた表現なので、目上の人に対して使うのは避けましょう。

こんなシーンで使ってみよう

I won the lottery! I'm a millionaire!
宝くじに当たったんだ！ 百万長者だよ！

Get out of town!
信じられない！

Yeah, it's a miracle!
そうなんだ、奇跡だよ。

> **会話のポイント！**
> 「宝くじに当たった」などのように初めて耳にする情報に対する驚きに「マジ？ うらやましい！」というニュアンスを含みます。気持ちを込めて言いましょう。

QUIZ

What do YOU think? の意味はどっち？

①どう思う？　②当たり前でしょ！

What do you think?のYOUを強く言うことで、「考えればわかること」→「当たり前」となります。「遅刻しそう？」に対してWhat do YOU think?なら「当たり前でしょ！」となります。

[答え] ②

I'm at the end of my rope.

○ もう限界だ。
× 私はロープの端っこにいる。

何とかここまで頑張ってきたけれど、「もう無理」と言わざるをえない状況で使うフレーズ。感情を抑えたこの表現は覚えておくとよいでしょう。

この前の授業中居眠りで注意されてたね

そうなのよ…

でも大丈夫 今日のために20時間寝溜めしてきたんだから！

頼もしいね！

授業開始3分後

I'm at the end of my rope.
（もう限界だわ…）

葵…

キーフレーズを理解しよう!

I'm at the end of my rope.

もう限界だ。

　残業、残業の毎日。疲労も緊張も限界に達してしまった人は、自分を何とか支えるロープを必死につかんでいるはず。その手がついに端っこまで来てしまい「もはや万事休す」という状況です。そんなときは I give up!「もう無理！」と言いたいですが、感情的に聞こえる可能性があります。このフレーズであれば抑えたニュアンスで伝えられます。

・・・・・・・・・・・・・・・　発展フレーズ　・・・・・・・・・・・・・・・

That was the last straw.

堪忍袋の緒が切れた。

　たとえ頑強なラクダでさえも、ギリギリの状態であれば、last straw「最後の藁１本」にも耐え切れずに背骨を折ってしまうということ。毎日上司に嫌味を言われ、じっと耐えてきたけれど、最後のたった一言で我慢の限界をついに超えてしまった。それが That was the last straw for me.「堪忍袋の緒が切れた／もう我慢できない」です。

PART 4 気の利いたフレーズ

ステップアップ 表現を広げよう！

「もう限界だ」
の別の表現を覚えよう

🛍 I can't take this.
こんなのいやだよ。／もう我慢できないよ。

takeには「（我慢して）受け入れる」の意味があります。このフレーズは「この状態を受け入れられない／我慢できない」ということ。だから「何とかしてほしい」の含みがあります。目上の人に使うのは避けたほうがよいでしょう。

🛍 That's the final blow.
とどめの一発だ。

final blowは「最後の一撃／とどめの一発」のこと。耐えて耐えてきたところに一発お見舞いされれば、もう我慢はできません。たとえば、毎日上司に嫌味を言われ我慢してきたところにまた嫌味を言われた。That's the final blow. I'm quitting. 「我慢できない、辞めてやる」というイメージです。

●我慢の度合い

低↓高	
	☑ **I can't take this.** こんなのいやだよ。／もう我慢できないよ。
	☑ **I'm sick and tired of this.** もううんざり。
	☑ **That's the final blow.** とどめの一発だ。

シーン3

こんなシーンで使ってみよう

I can't take this any longer.
もう我慢できない。

You look really tired.
疲れているみたいだね。

I have to work overtime every day.
毎日残業しなければならないんだ。

> **会話のポイント!**
> I can't take this.の文末にany longerをつければ、切羽詰まったニュアンスが出ます。ちなみに「騒音などに我慢できない」と言いたい場合はI can't stand it.になります。

英語ではこうなる

危ないのは橋ではなくロープ？

walk a tight rope「危ない橋を渡る」

日本語で「危ない橋を渡る」と言いますが、英語では「橋」ではなくrope「綱」を用います。また、be against the ropesでは、リング上でロープに追い詰められているイメージから「窮地」を表します。ropeと「窮地」は切り離せない関係のようです。

シーン4

I owe you one.
○ ありがとう、一つ借りができたね。
✗ 私はあなたに一つ返す義務を負っている。

「ありがとう」と、お礼を言うときに大切なのは心を込めること。ほとんどの場面ではThank you.でOKですが、「恩に着る」という気持ちも伝えてみましょう。

塾長危ない！

あ、すみません！

やあ危ないところだった。
I owe you one.
(ありがとう、一つ借りができたな)

えへん

今度恩を3倍返ししてくださいね

気持ち悪いよ…

キーフレーズを理解しよう！

I owe you one.

ありがとう、一つ借りができたね。

oweは「支払いや返済の義務がある」の動詞で、I owe you 20 dollars. は「あなたに20ドル借りがあります」。I owe you one. はThanks. 以外に「一つ借りができたね」とお礼を言うときの定番表現です。Thanks. のあとに続けて言うのもOK。ちなみにI owe you. からきたIOUは、「借用書」としてもよく使われます。

PART 4 気の利いたフレーズ

・・・・・・・・・・・・・・・ 発展フレーズ ・・・・・・・・・・・・・・・

You're the best.

助かった、ありがとう。

何かしてもらって「助かった。君って最高だよ」と言いたくなるときの一言がYou're the best.「君は最高のパートナーだ！」。いろいろな場面に対応できる温かい表現です。重大な局面でお世話になった場合や、軽くお礼を言いたい場合にも使えます。Thanks so much! You're the best. のように、組み合わせても使えます。

ステップアップ 表現を広げよう!

「ありがとう、一つ借りができたね」の別の表現を覚えよう

I can't thank you enough.
感謝してもしきれません。

「心から感謝しているのに、(私の気持ちを表せるほど)十分にお礼の気持ちを表せません」ということ。このように否定文にすることでより深い気持ちを表すのは、ネイティブ好みのフレーズです。相手に対する控えめな気持ちも十分に表せます。

I'm in your debt.
恩に着ます。

debtは「負債/債務」のほかに「おかげ/恩義」の意味があります。つまり「恩に着ます」という感謝の気持ちです。I'm indebted to you.は同義語で、謙遜の気持ちをもって感謝を表す表現です。

●感謝の度合い

軽 ↓ 重	☑ **Thanks a million.** ありがとう。
	☑ **I can't thank you enough.** 感謝してもしきれません。
	☑ **I'm in your debt. / I'm indebted to you.** 恩に着ます。

シーン **4**

こんなシーンで使ってみよう

What am I going to do?
どうしたらいいかな？

Don't worry. I called the airlines. They're going to refund your ticket.
心配しないで。航空会社に電話したら、払い戻してくれるって。

Oh, really? I can't thank you enough.
わぁ、本当？ 感謝してもしきれないよ。

会話の ポイント！ 困っていたときに救ってくれた人には、やはりThanks.だけでは気持ちを伝えきれません。そんなときは、思いっきり感謝の気持ちを表しましょう。言い方次第で思いは何倍にもなります。

とっさのワンフレーズ

You owe me.
君に一つ貸しができたね。

You owe me (one).は「君は僕に一つ借りているよ」→「忘れないでね。君に一つ貸しができたね」とちょっと押しつけがましい表現です。Now I can count on you for a favor.「これで、君への貸しを期待できるね」も同じです。

PART **4** 気の利いたフレーズ

シーン 5

Are you with me?
○ わかりますか？
× 私と一緒にいますか？

「私の説明、わかりますか？」。自分が長く話しすぎたときや、相手の意識がそこにない場合など、相手の理解を確かめるときに使える便利な一言です。

結局塾のキャラはこれになった…
何で僕のじゃないんだ
こっちのほうが絶対いいのに！

何がいけないんだか！
そもそも英会話教室というのは
いわば日本語と英語の
架け橋として
あるべきじゃないのか？

そこにこのキャラだ！
はい架け橋！
物凄い架け橋っぷり!!

この金髪ちょんまげ
いいよーいいよー

Are you with me?
（わかる？）
この熱い気持ち！

わかんない

キーフレーズを理解しよう!

Are you with me?

わかりますか?

「わかりますか?」をそのまま英語に直してCan you understand?としたくなりますが、Can you〜?は、実は人の能力を問う言い回しで、失礼になることがあります。Are you with me?のmeは「私の言うこと/説明」のことで、「聞いていますか?」以外に「私の説明がわかりますか?」の意味もあり、どの場面でも使えます。

発展フレーズ

Am I making sense?

私の説明でわかりますか?

「私の説明に問題はない」を前提にしたAre you with me?と違い、Am I making sense?は、「あなたがわからないのは、私の説明が悪いせいかもしれないですね」というI「私」が控えめな気持ちをもって使うフレーズ。なおmake senseは「筋が通る/つじつまが合う」という意味です。どの場面でも使える、相手を気遣う表現です。

PART 4 気の利いたフレーズ

ステップアップ 表現を広げよう!

「わかりますか?」の別の表現を覚えよう

Have I lost you?

わかります?

直訳は「私はあなたを見失っていますか?」→「あなたを迷わせていますか?」の意味です。自分の説明が理解しづらく、相手が悩んでいるかもしれないと思ったら、このフレーズを言いましょう。話の途中で前後関係がわからなくなったかも…というときにも使えます。

Get it?

わかった?

この get は「わかる/理解する」の意味で、Did you get what I just said?「私の言ったこと、わかった?」の短縮形。Get it? で聞けば、ほとんどの場合、返事は Got it. になります。Get it? – Got it. はノリのいい会話ですが、親しい仲間内だけで使いましょう。

Are you following me?

わかる?

follow は「ついてくる」なので、「私についてきている?」→「わかる?」の意味。つい早口で話していたり、相手が黙り込んだりした場面で、相手の理解を確認するフレーズ。最後に so far をつければ「ここまではわかる?」と理解を確かめる一言になります。

シーン **5**

こんなシーンで使ってみよう

Are you following me so far?
ここまではわかるかな？

Not really.
Could you explain what happened again?
あんまり。もう一度、どういうことか説明してくれる？

Sure. I'll start from the beginning.
もちろん。最初から始めるよ。

> **会話のポイント！** 話をするときには、相手の理解を確認することが大切です。長い話であれば、話の切れ目に確認しましょう。だからといって何度も聞くと、逆に相手には失礼にあたることを覚えておきましょう。

英語ではこうなる

勤務先は with で表す

I'm with ABC.「私は ABC 社に勤務しています」

「〜に勤務している」と言うとき、ネイティブは I'm with ABC. という表現を好みます。なお、I work at ABC. は社名などに重きがあり、I work for ABC. ならば雇用関係を重視した言い方です。

Say no more.

○ わかっているよ。
△ それ以上言わないで。

頼みにくいことをお願いするときなど、つい説明が長くなりがち。相手の思いを理解して「わかっているよ」と伝えて、相手に安心してもらえる表現です。

翔太
今夜も例のアレを…

コソ…

ああ…
Say no more.
(わかっているよ)

その夜
アパート

1回肉じゃが
ごちそうしてから
はまっちゃった
みたいだな…

はい
できたよー

キーフレーズを理解しよう!

Say no more.

わかっているよ。

　Say no more.は「喜んでやります！」のニュアンスです。頼みごとをする相手に対して「言いたいことはわかっているよ。だから何も言わなくて大丈夫」と伝えたいときの一言です。このフレーズには「その話、もう聞きたくないよ。その先は言わないで」という逆の意味もあります。どちらの気持ちなのかは、伝える側の口調や表情で決まってきます。

・・・・・・・・・・・・・ 発展フレーズ ・・・・・・・・・・・・・

You got it.

了解！

　この「了解」にも、「喜んでやります」の意味が含まれています。元はYou got my full support.「全力で支援します」の意味でしたが、今は軽めのニュアンスで使います。また商談などの場で「問題なくできます！」のようにも使えます。相手がこちらの言うことを理解したときに「君の言うとおり！／そのとおり！」という意味でも使えます。

PART 4 気の利いたフレーズ

ステップアップ 表現を広げよう!

「わかっているよ」の別の表現を覚えよう

🛍 I'm on it.

やっているよ。／さぁ、やろう。

直訳は「それに乗っかっている」➡「とりかかっている」の意味。上司に依頼されたとき、実際にとりかかっていなくても「(すぐに) 喜んでやります／頑張ります」という含みがあります。また Get on it. は「今すぐやって」という意味のカジュアルな依頼表現です。

🛍 Your wish is my command.

お望みなら何なりと。

「あなたの望みは私への命令です」が直訳。このフレーズは、古臭い表現ですが、実はロマンチックな場面で男性が使ってこそ活きるものです。「ちょっとお願いがあるの」と美しい女性から言われたら、このフレーズがピッタリ。ちょっとユーモラスな表現です。

🛍 It's done!

了解！

It's as good as done. 「それはできているも同然」を短くしたフレーズで、何かを頼まれたり、言われたりした場合には「すぐにやります／わかりました」に近いニュアンスになります。あなたの反応を心配していた人にとっては、気持ちのよい表現になります。

シーン6

こんなシーンで使ってみよう

I'll be happy to help you prepare for the meeting.
喜んで打ち合わせの準備を手伝うよ。

Great!
We have to put all these chairs in a circle.
よかった！　このイスを全部円形に並べるのよ。

I'm on it.
さぁ、やろう。

会話のポイント! onで、手伝う人の「了解！　さあ、手伝うよ！」という姿勢がよく表れています。気持ちのうえでは準備万端整っていることを伝える表現。何かを頼まれたら、ぜひ使いたいフレーズです。

とっさのワンフレーズ

She knows a lot.
彼女は何でもわかっている。

「何でもわかっている人」をShe knows everything.と言うのは間違い。これは「物知り顔をする人」という皮肉っぽい意味です。She's a know-it-all.「知ったかぶり」も同じ。本当に何でもわかっている人であれば、She knows a lot.がピッタリです。

PART 4　気の利いたフレーズ

Let it slide.

○ 忘れちゃいなよ。
✕ それを滑らせちゃえよ。

クヨクヨしている友人に必要なのは、役立つアドバイスや心にしみる優しい言葉とは限りません。ときには「忘れちゃいなよ」の一言だけで思いが伝わります。

マイク先生
男の子に叩かれたの

Let it slide.
(そんなの忘れちゃえ)
滑って元気だそうぜ！

お父さんが
ガミガミうるさいの

Let it slide.
(そんなの忘れちゃえ)
滑って元気だそうぜ！

さ、
次は誰だ？

マイク
今塾の授業中だって
忘れてないか

Let it slide.
(授業なんて忘れちゃえ)

キーフレーズを理解しよう！

Let it slide.

忘れちゃいなよ。

slideには「滑る／滑らせる」のほかに「流す」の意味もあります。直訳すれば「滑らせちゃえよ／流しちゃえよ」→「心にとめておくことはない」となります。あなたの大切なCDを紛失してしまった友人に、「いいよ、気にするなよ、ほっといていいよ」と太っ腹なところを見せたいのなら、このフレーズが使えます。Forget about it.でもOK。

・・・・・・・・・・・・ 発展フレーズ ・・・・・・・・・・・・

Don't sweat it.

気にするなよ。

sweater「セーター／汗をかかせる衣服」からわかるように、sweatは「汗をかく」を意味する動詞。英語圏では不安になると「汗をかく」イメージがあり、またsweatには口語で「心配する／気にする」の意味があるので、この表現につながります。「忘れてしまえ」というよりも、「気にとめるな／もうかまうな」というニュアンスです。

PART 4 気の利いたフレーズ

表現を広げよう!

「忘れちゃいなよ」
の別の表現を覚えよう

Whatever will be, will be.
なるようになるさ。

ヒッチコックの『知りすぎていた男』の劇中歌のフレーズ。スペイン語のQue sera sera.「ケ・セラ・セラ（なるようになる）」を英訳したもの。悩んでいる相手に対して「悩むことなんてないさ、すべてはなるようになるんだから」と元気を与えるフレーズです。

Let it go.
忘れちゃえよ。

直訳は「それを行かせて」 ➡ 「放っておけば／忘れて」の意味。「なかったことにすれば」ということで、「そんなことをクヨクヨ考えるのはもったいない」のニュアンスがあります。「忘れて」 ➡ 「あきらめて」の意味にもなります。

Don't let it bug you.
イライラすることなんてないよ。

itは特に具体的なことではなく、あなたの心の中のモヤモヤを指します。bugは「イライラさせる／苦しめる」の意味なので、「そんなことでイライラすることないよ／忘れちゃえよ」になります。目上の人に使うのは避けたいフレーズです。

シーン**7**

こんなシーンで使ってみよう

What's wrong?
何かあった？

Linda didn't invite me to her party.
リンダったら、私をパーティに招待してくれなかったのよ。

Let it go. It was a boring party.
忘れちゃえよ。退屈なパーティだったよ。

> 会話の
> ポイント！
>
> 悩みなどを打ち明けられたときには、相手が楽になる言葉をかけるのが一番かもしれません。特に、過去のことはどうしようもありません。そんなときは、ぜひこのフレーズを使いましょう。

QUIZ （　）に入るのはっち？

I forgot (　) a meeting room.「会議室を押さえたことを忘れていた」

　①**booking**　　②**to book**

過去のことを忘れてしまったのであればforget 〜ing、これからするべきことを忘れてしまったのであればforget to〜を使います。「会議室を押さえたことを忘れてしまっていた」は過去のことなので、forget 〜ingです。

[答え] ①

PART **4** 気の利いたフレーズ

シーン8

Show them what you've got.

○ 頑張って！

× 彼らにあなたがもっているものを見せてあげて。

勝ち負けにこだわらず、頑張る過程を重視する日本人が、つい使いたくなるフレーズです。ここぞという場面で言ってあげましょう。

Show them what you've got!
（頑張れよ！）

はい先生！

トニー英会話教室 スピーチ大

たけるちゃん頑張って…！
この教室は英会話の
上達が早いって評判だもの

きっと素敵なスピーチを
してくれるはず…

スウ…

忍者は元から大名などに
仕えていたわけではなく
盗賊などから派生して〜

↑英語

ペラペラペラ

いらん専門用語ばっか!!

妙な方向に
上達してる…？

キーフレーズを理解しよう！

Show them what you've got.

頑張って！

　重大な契約締結に向かうビジネスパーソンや入試に臨む学生、初デートに出かける若者など、どんな場面の人にもかけられるフレーズです。what you've gotは直訳すれば「あなたがもっているもの」ですが、ここでは「あなたがもつガッツ・知識・経験・心意気」のことを表しています。なお、このthemは特定の人を指してはいません。

発展フレーズ

Chin up!

頑張って！

　chin「あご」にアッパーカットが炸裂、ついにKOというボクシングの試合を見たことがあるでしょう。それほど、あごは人間の体の中でも大切な箇所で、そこから「決断／意志の象徴」という意味もあります。うなだれた敗者が顔を上げ、先を見据えるためにあごを上げる（up）ことで頑張りが生まれるはず。力強く励ますフレーズです。

PART 4　気の利いたフレーズ

ステップアップ 表現を広げよう!

「頑張って!」の別の表現を覚えよう

You can do it.

あなたなら、きっと大丈夫。

文字どおり「あなたならできる」は、「あなたのことだからきっと大丈夫／楽勝だよ!」というニュアンスの励ましや応援の言葉です。この言葉をかける相手は年上ではなく、不安をもっている友人や同僚など親しい人に限ります。

Good luck!

頑張ってね!

Good luck.「幸運を祈る」は「頑張ってね／うまくいくといいね」という励ましの言葉。デートに出かける人から困難な状況に立ち向かおうとする人にまで、気軽に、また心を込めて幅広く使えるフレーズです。上司や年上の人にも問題なく使えます。

I know you won't let us down.

あなたを信じているからね。

「あなたが私たちをガッカリさせないのはわかっているからね」が直訳。一見プレッシャーをかける言い方のように聞こえますが、実はこのフレーズは「あなたを信じているからね／大丈夫だからね」という優しい励ましなのです。

シーン **8**

こんなシーンで使ってみよう

Do you have a job interview tomorrow?
明日、仕事の面接なんでしょ？

Yeah, but I'm really nervous.
うん、何かドキドキしちゃって。

Good luck!
頑張ってね！

会話の
ポイント！
「頑張って」の状況もさまざまです。何かにチャレンジする人には、温かいエールを送りましょう。こんな場面ではGood luck!のように、前向きなニュアンスの温かいフレーズがピッタリです。

Quiz （　）に入るのはどっち？

Give them (　　)!「頑張ってこいよ！」
　　①heaven　　②hell

直訳で「奴らに地獄（hell）を見せてやれ」とは勇ましい一言ですが、励ましの言葉でもあります。相手が戦いに出かける場合によく使われ、それほど激しいニュアンスはありません。ただし、友人どうしで使うくらいがよいでしょう。　[答え]　②

Thanks for the pat on the back.

○ 励ましをありがとう。
✗ 背中を叩いてくれてありがとう。

ほめてもらってうれしい気持ちを伝えたいけれど、Thanks.だけでは物足りない。
何に感謝しているのかをきちんと明確にしてこそ、相手に気持ちが伝わります。

山田くん社長が見送りに来てくれたよ

ええっ?!

出張中よく働いてくれたようだね 日本に帰っても励んでくれたまえ

Thanks for the pat on the back!
（激励をありがとうございます！）

よし 今後どんな難題を課せられても頑張るぞ！

ところで君はいろいろ日本の伝統ダンスが踊れるらしいね

そうだちょっと踊ってみせてくれよ

ええっ ここで?!

搭乗口

早くも想定外の難題が…！

キーフレーズを理解しよう！

Thanks for the pat on the back.

励ましをありがとう。

落ち込んでいた自分を励ましてくれた人に、強い感謝の気持ちを伝えるフレーズです。pat「軽く叩く（こと）」は動詞・名詞で使われ、pat on the back には文字どおり「背中をぽんと叩く」のほかに、「励まし／賞賛」の意味があります。なお、He deserves the pat on the back. で、「彼は賞賛に値すべきだ」の意味になります。

・・・・・・・・・・ 発展フレーズ ・・・・・・・・・・

It really means a lot to me.

本当にうれしい（ありがとう）。

「背中を叩く」には相手を慰める意味がありますが、It really means a lot to me. には「あなたのようなすごい人にほめられることは、私にとってはとても大きな意味があります」というニュアンスがあります。mean a lot は「大きな意味をもつ」という意味があり、あなたの喜びを印象づけることができます。

PART 4 気の利いたフレーズ

ステップアップ 表現を広げよう!

「励ましをありがとう」の別の表現を覚えよう

Thanks, I needed that!
ありがとう、本当にうれしいよ!

ずっと求めているのに、なかなか手に入らない状況が続き、ようやく手に入ったときに思わず口をついて出るThanks, I needed that.は「それが必要だったんだよ」➡「本当にうれしい」という意味。出張が終わってようやくありついた家族の手料理に、I needed that!であれば「うまい、これだよ!」。

Thanks for pepping me up.
励ましてくれてありがとう。

pep 〜 up「〜を励ます/元気づける」は、ただ元気づけるだけではなく、応援するニュアンスがあります。Thanks for pepping me up.であれば「応援してくれてありがとう。おかげさまで元気が出た」という意味。誰に対しても使える表現です。

Thanks for being there.
支えてくれてありがとう。

文字どおり「そこにいてくれてありがとう」の意味。自分が困ったとき、手を貸してくれた人に対する心を込めた感謝の言葉です。現在してくれたことに対してよりも、すでに終わったことに対する感謝の言葉で、相手を選ばず使えます。

シーン9

こんなシーンで使ってみよう

I've been walking all day in the sun and I'm so thirsty.
1日中、陽の下を歩いてきたから、のどがかわいちゃって。

Here, have some of my cold water.
はい、冷たい水だよ。

Thanks, I needed that!
ありがとう。本当にうれしいわ！

会話のポイント！ お礼はThanks.だけですむ場合もありますが、状況に合わせてあなたの感謝をより強く表したいのであればI needed that!のようなプラスαの一言が大切です。

とっさのワンフレーズ

Hang in there!
頑張って！

励ますフレーズで覚えておきたいのがHang in there!「頑張って！」です。ほかにも気楽な励ましにはEveryone has their bad days.「誰にだってうまくいかない日はあるさ」などがあります。

Did you have a ball?

○ いっぱい楽しんだ？
✕ ボールは持っていたの？

デートやパーティ、旅行から帰った友人に、「楽しんだ？」と感想を聞いてあげるのはマナーです。そんなときに使える気の利いたフレーズです。

久々の日本の会社はどうだった？

同僚の人たちがお帰りパーティしてくれたんでしょ？

Did you have a ball?
（いっぱい楽しんだ？）

うん！ むしろ楽しませたよ！

は？

アメリカで鍛えたこの獅子舞でね！

イヤッフー！

わざわざアメリカまで行って何を鍛えてきたんだ君は…

キーフレーズを理解しよう！

Did you have a ball?

いっぱい楽しんだ？

　ballには「球」のほかに「舞踏会」の意味があります。直訳は「舞踏会のように楽しんだ？」となり、ballは「とても楽しいひととき」のことを指します。定番表現Did you enjoy ～?の答えは、Yes.かNo.ですが、ネイティブは「きっと楽しんだんだろうね」とYes.の答えを予想しているときにこのフレーズを使います。

・・・・・・・・・ 発展フレーズ ・・・・・・・・・

Did you have the time of your life?

最高だった？／いかがでしたか？

　the time of one's lifeの意味は「人生最高のとき」ですが、「今までの人生で一番～」のような特別な意味はなく、have the time of one's lifeで「大いに楽しむ」の意味で気軽に使えるフレーズです。パーティに参加した友人に「最高だった？」とたずねたり、旅行帰りの上司に「いかがでしたか？」と感想をたずねるときに使えます。

ステップアップ 表現を広げよう!

「いっぱい楽しんだ？」
の別の表現を覚えよう

🏷 Did you let off some steam?

ストレスを発散させた？／息抜きできた？

let off steam「蒸気を吐き出す」は「うっぷんやストレスを発散させる」という意味。「息抜きする」というポジティブなニュアンスですが、場合によっては「怒りを発散させる」というネガティブな意味にもなります。どちらの意味であるかは状況で判断します。

🏷 Did you have a blast?

最高に楽しんだ？

「爆風／一陣の風」を表すblastは「瞬間的な衝撃」の意味もあり、have a blastで「最高に楽しむ／盛り上がる」。場面を選ばず使えるフレーズです。Let's have a blast tonight.なら「今夜は大いに盛り上がろうよ」となります。

🏷 Did you paint the town red?

大いに楽しんだ？

paint the town red「街を赤く染める」➡「街に繰り出して飲み歩く／大騒ぎする」という意味。バカ騒ぎというイメージから若い人限定と考えられますが、ビジネスパーソンがパーッとやるときでもOKです。皆でワイワイ街を闊歩。スラングとも言えますが、あまりこだわらずに使えます。

シーン **10**

こんなシーンで使ってみよう

I'm back!
ただいま！

Oh, wow! Did you have a blast?
わぁ！　最高に楽しんだ？

Yeah, I really love Hawaii.
ああ、ハワイは本当に気に入ったよ。

会話のポイント！　休暇帰りの友人や家族を迎えるときは、盛り上がって迎えてあげたいもの。Did you enjoy? も悪くはありませんが、「イエーイ！」という気持ちを込めたフレーズなら、会話もより盛り上がりそうです。

とっさのワンフレーズ

It was just okay.
ちょっとがっかり。

It was just okay.「ちょっとがっかり」はネガティブな表現で、just がポイント。It was kind of boring.「何か退屈だった」ならまだ救われますが、I shouldn't have gone.「行かなきゃよかった」では、行ったこと自体を後悔したことになります。

日本語から引ける索引

＊赤字のフレーズは、本編でキーフレーズとして掲載されているものです。

あ

相変わらずだよ。
　Not much. ………………………… 11
相変わらずですね。
　Same as always. ……………… 11
朝飯前だよ。
　It's a piece of cake. ………… 127
頭にきた。
　It's driving me crazy. ………… 13
あと一歩だったね。
　That was close. ……………… 84, 85
あとほんのちょっとだったね。
　You missed by an inch. ………… 86
あなたなら、きっと大丈夫。
　You can do it. ………………… 206
あなたの業績をお祝いしないとね。
　Your achievement calls for
　a celebration. ………………… 20
あなたのせいです。
　That's on you. ………………… 17
あなたを応援しています。
　I'll be with you in spirit. ………… 16
あなたを信じているからね。
　I know you won't let us down. … 206
ありえない！
　That'll be a cold day in hell. … 54, 55
ありえないよ。
　That's impossible! ……………… 56
ありがとう、一つ借りができたね。
　I owe you one. ………………… 188, 189
ありがとう、本当にうれしいよ。
　Thanks, I needed that! ………… 210
ありがとう。
　Thanks a million. ……………… 190

あれ、ひょっとして〜じゃない！
　Well, if it isn't 〜! ……………… 155
慌てないで。
　Hold your horses. …………… 114
　Take your time. ……………… 114
eメールでも注文できますか？
　Can I order by e-mail? ………… 20
いい加減にしてくれないか。
　I can't get a break! …………… 32
いいね！
　Bull's eye! …………………… 143
いかがでしたか？
　Did you have the time of your
　life? ……………………………… 213
怒り狂わないで。
　Don't go postal. ……………… 60
行き詰まっています。
　I've hit a brick wall. ………… 64, 65
　I'm at a dead end. ……………… 66
息抜きできた？
　Did you let off some steam? … 214
忙しい？
　Keeping busy? ………………… 10
痛くもかゆくもないよ。
　It's no skin off my back. … 134, 135
一緒に映画を見にいってくれない？
　Can I talk you into a movie? … 160
言っている意味はわかるけど…。
　I get your point. ……………… 48
行ってらっしゃい。
　Stay out of trouble. ………… 22, 23
　Be good. ……………………… 23
いっぱい楽しんだ？
　Did you have a ball? …… 212, 213

今は忙しいんです（どうしましょうね）。
　I'm kind of busy now. ………… 124
今は考える暇もありません。
　I don't even have time to think right now. ……………………… 124
今は手が離せません。
　I'm all tied up now. ……………… 124
妹は家族に見放されているんだ。
　My sister is the outcast of my family. ……………………… 151
妹は家族のトラブルメーカーだ。
　My sister is the troublemaker of my family. …………………… 152
妹は家族の恥なんだ。
　My sister is a disgrace. ……… 152
妹は家族の厄介者なんだ。
　My sister is the black sheep of my family. ………………… 150, 151
妹はダメなやつなんだ。
　My sister is a loser. …………… 152
イライラすることなんてないよ。
　Don't let it bug you. …………… 202
動きがとれないんだ。
　I'm bogged down. ………………… 66
ウソだろ？
　Not happening! ………………… 56
うれしくって仕方がない！
　I'm beside myself with joy! … 164
うわぁ！　誰かと思えば！
　Well, look who's here! ………… 156
噂をすれば影。
　Speak of the devil. ……… 154, 155
永遠に待たせる気？
　I can't stand here and burn daylight. ……………………… 168
映画なんかどう？
　Are you up for a movie? … 158, 159
　How does a movie grab you? … 159
映画見たい人いる？
　Who wants to see a movie? … 160
映画を見るのはいかがでしょうか？
　Would you care to see a movie? … 160

ええ、すごいじゃない！
　Well, I'll be a monkey's uncle! … 182
ええっ!?　また？
　Not again! …………………… 26, 27
大いに楽しんだ？
　Did you paint the town red? … 214
抑えて、抑えて。
　Let's take it down a notch. …… 82
惜しい！
　You almost made it! ……………… 86
落ち着いて。
　Keep your shirt on. ………… 58, 59
落ち着いて、冷静にね。
　Don't lose your cool. …………… 59
お茶の子さいさいだよ。
　It's no sweat. ………………… 126, 127
おなかがすいた。
　I'm hungry. ……………………… 178
おなかが鳴っている。
　My stomach is growling. …… 178
おなかがぺこぺこだ。
　I'm starving. …………………… 178
おなかぺこぺこ。
　I could eat a horse. ……… 176, 177
お望みなら何なりと。
　Your wish is my command. … 198
恩に着ます。
　I'm in your debt. ……………… 190

か

会談は行き詰まった。
　The talks came to a standstill. … 66
彼女に会ってはいただけないでしょうか？
　Could you possibly meet with her? ……………………… 18
彼に説得されてそうした。
　He talked me into it. …………… 132
彼に無理やりやらされたんだ。
　He pressured me into it. ……… 132
　He coerced me into it. ………… 132
考えてもみなかったよ（まいったね）。
　I didn't think about that. ……… 52

感謝してもしきれません。
　I can't thank you enough. ····· 190
堪忍袋の緒が切れた。
　That was the last straw. ········ 185
頑張って！
　Show them what you've got.
　·· 204, 205
　Chin up! ································ 205
頑張ってね！
　Good luck! ······························ 206
頑張っていますよ。
　Hanging there. ························ 11
頑張れ！
　Go for it. ································ 16
勘弁してくれよ。
　I don't think it could get worse. ··· 32
気がすんだ？
　Are you happy now? ······ 116, 117
気にするなよ。
　Don't sweat it. ······················ 201
君に１票だ。
　You've got my vote. ··················· 74
今日の午後３時までにこの報告書をやり終えなさい。
　Finish this report before 3:00
　today. ··· 15
興味がない。
　It doesn't float my boat. ········ 102
気をつけてね。
　Take care. ······························· 24
空気読めよ。
　Don't be a party pooper. ······· 139
空腹でもう死にそうだ。
　I'm starving to death. ············· 178
景気はどう？
　Keeping busy? ························· 10
経験したことあるよ。
　I've been there. ···················· 88, 89
元気か？
　How's it going? ······················· 10
元気そうですね。
　Looks like life's treating you well.
　··· 10

元気だった？
　Good to see you. ······················· 10
元気ですよ。
　Not bad. ································· 11
元気でね。
　Take care. ······························· 24
元気でやっていますか？
　How are things? ······················· 10
こちらは弊社のお勧め商品となっております。
　This is what we recommend. ··· 14
こちらへどうぞ。
　Please come this way. ············· 19
このうえなく幸せな気分。
　I'm in seventh heaven. ··········· 164
小腹が減った。
　I've got the munchies. ··········· 177
　I'm peckish. ··························· 178
ごぶさたしております。
　It's been a long time. ················ 10
これからもあなたのことを知らせてね。
　Keep me abreast of things. ·· 172
これって冗談でしょ？
　This is a joke, right? ················· 28
これは許されることではありません。
　This is not permissible. ············ 17
これは私の責任です。
　This is my baby. ························ 39
今度は何なの？
　What now? ······························ 31
こんなのいやだよ。
　I can't take this. ······················ 186
こんなの簡単だよ。
　It's child's play. ······················· 128
こんにちは。
　Hi, there. ································· 10
今夜、外食しない？
　Shall we eat out tonight? ········ 14

さ

さぁ、やろう。
　I'm on it. ······························· 198
最悪！
　What's next? ······················ 30, 31

最悪。
　That sucks. ……………………… 35
最近はいかがおすごしですか？
　What have you been up to? …… 10
最高だった？
　Did you have the time of your
　life? ……………………………… 213
最高に幸せ。
　I've never been happier. ………… 13
　I'm on the top of the world. … 164
最高に楽しんだ？
　Did you have a blast? ………… 214
支えてくれてありがとう。
　Thanks for being there. ……… 210
残念ですが、ほかに約束がありますので。
　I'm afraid I have another
　appointment. …………………… 15
時間厳守です。
　Don't be late. …………………… 15
仕事で身動きがとれません。
　I'm buried in work. …………… 123
しっかり起きているから話を続けて。
　I'm wide awake. ………………… 70
釈迦に説法だよ。
　Don't teach your grandmother
　to suck eggs. …………………… 90
出勤途中？
　Are you headed to work? ……… 10
上司がプレッシャーをかけてきたんだ。
　My boss put the screws to me. … 131
上司が無理強いしたんだ。
　My boss twisted my arm. … 130, 131
上々だよ。
　Can't complain. ………………… 11
昇進おめでとう。
　Congratulations on your
　promotion. ……………………… 20
冗談きついよ。
　You're too much. …………… 80, 81
冗談だよ。
　I'm just pulling your leg. … 76, 77
　I'm just yanking your chain. … 77

冗談でしょ？
　Are you kidding me?! …………… 28
しらけさせるなよ。
　Don't be a wet blanket. … 138, 139
信じられない！
　Get out of town! ……………… 182
少し話を戻してくれる？
　You were saying? ……………… 110
ストレスを発散させた？
　Did you let off some steam? 214
図星だね。
　You hit the nail right on the
　head. ……………………… 142, 143
するのはいやだよ。
　I have better things to do.
　……………………………… 166, 167
するべきことが山ほどあります。
　I have too much on my plate.
　……………………………… 122, 123
絶好調です。
　Never been better. ……………… 11
絶対いやだよ！
　Forget it! ………………………… 56
全然わからないよ。
　I'm in the dark. ………………… 44
そういうのっていやだよね。
　I hate it when that happens. … 36
そうくるとは思わなかったよ。
　I didn't see that coming. ……… 51
想像がつかない。
　I can't imagine it. ……………… 36
そのつど連絡をください。
　Keep me up to date on
　everything. …………………… 172
そのとおり！
　You hit the nail right on
　the head. ………………… 142, 143
　You got it! …………………… 144
その話はなしにしてね。
　Don't go there. ……………… 92, 93
その話はやめておきましょう。
　That's off topic. ………………… 94

その話はやめておこう。
　Let's not play with fire. 94
それって本当？
　Get out of town! 182
それで結構です。
　That would be fine with me. ... 18
それはするべきじゃなかった。
　You shouldn't have done that. ... 17
それはもうやってみたよ。
　I've been down that road. 89
そんなこと、全然気にしていない。
　That's the least of my worries. ... 136
そんな世間知らずじゃないよ。
　I wasn't born yesterday. ... 146, 147
そんなに怒らないでよ。
　Don't have a fit. 60
そんなにバカじゃないよ。
　I'm not that naive. 147
そんなの無理だね。
　That's impossible. 56

た

大賛成！
　Amen! 74
大賛成だね。
　You've got my vote. 74
大賛成です。
　I couldn't agree more. 72, 73
　I'm all for that. 73
たいしたもんだ。
　That's really something! 16
　Big deal. 136
台なしにするなよ。
　Don't spoil it for everyone. ... 140
助かった、ありがとう。
　You're the best. 189
助けてくださって、ありがとうございました。
　Thank you for helping me out. ... 12
ただ、ここに座っていろと言うの？
　Do I have to just sit around? ... 168
楽しんできてね、でもはしゃぎすぎないでよ。
　Have fun, but not too much fun. ... 24

だまされたと思って試してみて。
　Just trust me and give it a try. ... 14
誰がせっかくの楽しみに水をさしたの？
　Who burst your bubble? 106
誰にだってできるさ。
　That's a walk in the park. 128
だんだんわかってきた。
　It's starting to make sense. 47
ちゃんと聞いているよ。
　I'm all ears. 68, 69
　I hear you loud and clear. 69
　I'm listening. 70
注文お願いします。
　I'd like to order now. 20
超簡単じゃん！
　That's a walk in the park. 128
調子どう？
　What's new? 10
ちょうど君のことを話していたんだ。
　We were just talking about you.
　.. 156
ちょっと焦っちゃったけどね。
　I was a little flustered. 98
ちょっとお願いがあるんですが。
　Could you do me a little favor? ... 18
ちょっとからかっただけだよ。
　I'm just poking fun at you. 78
　I'm just teasing you. 78
ちょっと冗談を言っただけだよ。
　I'm just playing with you. 78
ちょっとそれは失礼ですね。
　That's not very nice. 148
ちょっと待って。
　Bear with me. 109
ちょっとわからなくなってきちゃった。
　That's over my head. 44
ついてないなぁ。
　This is not my day. 32
次はきっとうまくいくよ。
　Better luck next time. 85
で、これで満足した？
　Are you proud of yourself? ... 118

天にも昇る気持ちだ。
I'm on cloud nine. ………… 162, 163
どうしたの？
What's eating you? ……… 104, 105
What's bugging you? ………… 106
どうして浮かない顔をしているの？
Why the long face? ……………… 106
どうしようかなぁ。
What do I do now? ………………… 52
どうぞ続けて。
You were saying? ………………… 110
どうでもいいよ。
I couldn't care less. ……………… 136
どうにも落ち着かないよ。
I'm like a cat on a hot tin roof. … 97
どうにも気分が落ち着かなかった。
I got the collywobbles. ………… 98
ドキドキする。
I have butterflies in my stomach.
………………………………… 96, 97
どこまで話したっけ？
Where were we? ………… 108, 109
What were we talking about? … 110
とてもうれしい。
I'm as pleased as punch. ……… 13
とても助かりました。
It was a big help. ………………… 12
とどめの一発だ。
That's the final blow. …………… 186
取るに足らないことだよ。
**It's neither here nor there
for me.** ………………………………… 135
とんだ災難だったね。
That's a stroke of bad luck. …… 36

な

なぜ約束を守れなかったんですか？
Why didn't you keep your word? … 17
納得がいかないよ。
It doesn't make sense. ……… 48
納得したよ。
I'm convinced. ……………………… 74

何をそんなに急いでいるの？
Where's the fire? ………… 112, 113
Who set your pants on fire? … 113
What's the rush? ………………… 114
何を悩んでいるの？
What's eating you? ……… 104, 105
何を話していたのか忘れちゃった。
I lost my train of thought. …… 110
なるほど。
I get the picture. ………………… 46, 47
なるほど、わかったよ。
I see what you mean. …………… 48
なるようになるさ。
Whatever will be, will be. …… 202
何だってわかっているよ（経験ずみだからね）。
I know all about that. …………… 90
何で怒っているの？
Who rained on your parade? … 105
何てことでしょう！
What a tragedy! ………………… 34, 35
にっちもさっちもいかない。
**I'm between a rock and
a hard place.** ………………………… 65

は

パーティの計画はどうなっていますか？
How's the party planning coming?
………………………………………… 19
励ましをありがとう。
Thanks for the pat on the back.
………………………………… 208, 209
励ましてくれてありがとう。
Thanks for pepping me up. … 210
話を続けて。
I'm wide-awake. ………………… 70
話をややこしくするのはやめようよ。
Let's not open a can of worms. … 93
離れ離れになっても連絡を取り合おうよ。
Don't be a stranger. …………… 171
一言も聞きもらさないつもりだよ。
I'm hanging on to your every word.
………………………………………… 70

221

不機嫌な顔をするなよ。
　Don't be a sourpuss. 140
不満は言えないね。
　Can't complain. 11
雰囲気ぶち壊すなよ。
　Don't be a stick in the mud. ... 140
本当にうれしい（ありがとう）。
　It really means a lot to me. ... 209
本当に悪気はなかったんです。
　I really didn't mean that. 12

ま

まぁ、何とかやっています。
　Just getting by. 11
まぁ、普通かな。
　I'm doing okay. 11
まぁね。
　Not much. 11
まぁまぁ。
　Let's take it down a notch. 82
まぁまぁですね。
　Not too bad. 11
まいったよ。
　You've got me. 50, 51
　You win. 52
まさか！
　Don't tell me. 27
　Not happening! 56
　You don't say? 182
マジで？
　Seriously? 28
またまた〜。
　Oh, stop it! 82
まったくあなたの言うとおりです。
　You're absolutely right. 144
まったくそのとおりです。
　That's exactly right. 144
皆さん、大歓迎です。
　Everyone's welcome. 14
ムカつく。
　That disgusts me. 13
胸がドキドキした。
　My heart skipped a beat. 98

無理！
　Not happening! 56
無理だからあきらめなよ。
　In your dreams. 55
迷惑な話だ。
　Well, thank you very much. ... 118
目をつぶってもできるさ。
　I can do that with my eyes
　closed. 128
面倒くさいなぁ。
　What a drag. 167
もううんざり。
　I'm sick and tired of this. 186
もう我慢できないよ。
　I can't take this. 186
もう限界だ。
　I'm at the end of my rope. ... 184, 185
申し訳ありません。
　Please accept my apology. 12
申し訳ありませんが、今回は辞退させていた
だきます。
　I'm sorry, but I have to decline
　this time. 15
もう少しゆっくり話してくれる？
　Could you slow down a little?
　.. 44
もうその話はやめて。
　We better not touch that. 94
もうたくさんだ。
　That's enough. 81
もっともだね。
　That makes sense. 48

や

やったね。
　Way to go! 16
やっているよ。
　I'm on it. 198
やってくれたね。
　Look what you did now. 117
　You really did it now. 118
やりすぎだよ。
　You're going too far. 82

ゆっくり 10 数えてごらんなさい。
　Calm down and count to ten. … 60
夢見心地です。
　I'm walking on air. … 163
よい旅を。
　Have a nice trip. … 24
ようやくお会いできて光栄です。
　It's an honor to finally meet you.
　… 11
よくやったね。
　Good try. … 86
よろしくお願いします。
　It's nice to see you. … 11
よろしければご案内いたします。
　If you'd like, I can show you
　the way. … 19

ら

楽勝！
　I got this! … 40
楽勝だよ。
　It's no sweat. … 126, 127
了解！
　You got it. … 197
　It's done! … 198
旅程はどうなっていますか？
　Where are we at with the itinerary?
　… 19
連絡が途切れないようにしようね。
　Let's not lose touch! … 172
連絡を取り合いましょう。
　Let's keep in touch. … 170, 171

わ

わぁ、驚いた。
　Well, I'll be. … 181
わぁ、すごいですね！
　What do you know?! … 180, 181
わぁ、君かぁ！
　Look what the wind blew in! … 156
わかった？
　Get it? … 194
わかっているよ。
　Say no more. … 196, 197

わからなくなった。
　You've lost me. … 42, 43
わかりました。
　Understood. … 18
わかります？
　Have I lost you? … 194
わかりますか？
　Are you with me? … 192, 193
わかる？
　Are you following me? … 194
わけがわからなくなってきたよ。
　I'm a bit confused. … 43
忘れちゃいなよ。
　Let it slide. … 200, 201
忘れちゃえよ。
　Let it go. … 202
私がバカだっていうこと？
　Am I dumber than I look? … 148
私がやってあげるよ。
　I'll handle it. … 40
私には合わない。
　That's not for me. … 102
私に任せてください。
　Leave it to me. … 38, 39
私に任せて大丈夫だよ。
　You can count on me. … 40
私の好みじゃない。
　Not my cup of tea. … 100, 101
私の好みには合わない。
　It doesn't tickle my fancy. … 102
私の説明でわかりますか？
　Am I making sense? … 193
私の大切な時間を無駄にしないで。
　Don't waste my time. … 168
私は遠慮しておくよ。
　That's not my thing. … 101
私もそんな経験があるよ。
　We're in the same boat. … 90
私をそんなにバカだと思う？
　Do I have stupid written on
　my back? … 148

● 著者紹介

デイビッド・セイン

[David A.Thayne]
米国出身。社会学修士。日米会話学院などでの豊富な教授経験を活かし、数多くの英会話関係書籍を執筆。英語を中心に、さまざまな企画を実現する、有限会社エートゥーゼットを主宰。著書に『ネイティブはこう使う！マンガでわかる前置詞』（西東社）など100点以上。
● エートゥーゼット英語学校のHP　http://atozenglish.jp/

● イラストレーター紹介

高山わたる

[たかやま わたる]
9月1日生まれのA型。広告イラストや学習書マンガを中心に活動中。
好きな動物は、犬とちんあなごとメンダコ。
おもな著書に『笑って韓国語マスター ぷに韓』（中経出版）がある。

- ● 執筆協力————窪嶋 優子（有限会社エートゥーゼット）
- ● デザイン————株式会社 ELENA Lab.
- ● 編集・DTP————株式会社エディポック

ネイティブはこう使う！
マンガでわかる英会話フレーズ

2014年5月15日発行　第1版
2014年7月25日発行　第1版　第3刷

- ● 著　者————デイビッド・セイン
- ● 発行者————若松 和紀
- ● 発行所————株式会社西東社

〒113-0034 東京都文京区湯島2-3-13
営業部：TEL（03）5800-3120　　FAX（03）5800-3128
編集部：TEL（03）5800-3121　　FAX（03）5800-3125
URL：http://www.seitosha.co.jp/

本書の内容の一部あるいは全部を無断でコピー、データファイル化することは、法律で認められた場合をのぞき、著作権者及び出版社の権利を侵害することになります。
第三者による電子データ化、電子書籍化はいかなる場合も認められておりません。
落丁・乱丁本は、小社「営業部」宛にご送付ください。送料小社負担にて、お取替えいたします。
ISBN978-4-7916-2168-2